LES
EAUX
DE
MILLE-FLEURS:

Comedie - Ballet.

Mise au Théatre par Mr. B**

REPRESENTE'E A LYON POUR LA
premiere fois le 9. Fevrier 1707. par
l'Academie Royale de Musique dans la
Salle du Gouvernement.

AVERTISSEMENT.

L'EAU DE MILLE-FLEURS ou le remede à la mode, n'est autre chose que l'urine d'une Vache. La saison la plus propre pour s'en servir c'est le mois de May, & le commencement de l'Automne. Ce remede nous a été aporté des Indes par un Gentil-Homme Espagnol qui avoit demeuré long-tems en ce païs-là. Il est en grande réputation en Allemagne depuis quelques Années, & plusieurs personnes assurent qu'il étoit en vogue en ce païs-cy il y a cent ans ; mais qu'insensiblement on en avoit perdû la me-moire, &c.

Voilà en peu de mots ce qu'en ont dit quelques personnes qui ont écrit sur cette matiere. La fureur avec laquelle on a couru a ce remede l'année derniere & quelques avantures arrivées à ce sujet ont don-né lieu à cette Comedie.

ACTEURS
du Prologue.

MOMUS.

LA MEDECINE.

CHOEUR DE MEDECINS.

CHOEUR D'APOTIQUAIRES.

Le Théatre represente un Sallon.

PROLOGUE.

LA MEDECINE Chante.

Les Peuples soumis à ma loy
Du soin de leur santé se réposoient sur moy :
Avant qu'un mortel témeraire
De son nouveau secret ût infecté ces lieux.
Je viens à cet audacieux
Faire sentir l'effet de ma juste colere ...
Mais tandis que je perds le tems en vains discours,
Un si fatal abus prend un trop libre cours:
Mille foibles mortels qui bravent ma puissance,
Riront de mon dépit avec impunité :
Contre ce mépris qui m'offence
Armons toute la Faculté.

Parodie de la Scene d'Amisodar dans Bellerophen.

Que tout seconde ici mon desespoir affreux.
Chers Compagnons de mon sort rigoureux,
Pour m'écouter du fond de vos boutiques
Suspendez quelques-têps le soin de vos pratiques.
Et vous à me servir employés tant de fois
Ministres de mon art acourez à ma voix.

Douze Apotiquaires entrent portants des Sringues. Ils sont suivis de quatre grandes urnes sur lesquelles sont écrits les noms des drogues qui sont dedans. Douze Medecins les suivent, & aprés quelques cérémonies les Medecins se rangent d'un côté du Théatre & les Apotiquaires de l'autre.

A iij

PROLOGUE.
UN APOTIQUAIRE.

Parodie du recit de Meduse dans Persée.

Mon terrible secours vous est-il necessaire,
Faut-il purger quelqu'un ou donner un Clistere?
Faut'il pour vous servir déployer à vos yeux
Les funestes secrets de mon art dangereux ?
   Ordonnez : j'y vais en personne.
Vous n'avez qu'a nommer le mortel malheureux :
   Que vous voulez que j'empoisonne.
LA MEDECINE.
Des Eaux de mille Fleurs , l'effet imaginaire
A sçu trop s'emparer du credule vulguaire.
   Par l'erreur dont il est seduit,
   Si l'on n'aporte un prompt remede
   A la fureur qui le possede,
Nous allons voir bien-tôt nôtre pouvoir detruit.

Verra t'on malgré nous l'excrément d'une Vache
   Servir de remede à tous maux ?
Qu'à venger cet affront tout nôtre soin s'attache,
Décrions en tous lieux la vertu de ces Eaux.
CHOEUR.
Verra t'on malgré nous l'excrément d'une Vache
   Servir de remede à tous maux
Qu'a venger cet affront tout nôtre soin s'attache
Décrions en tous lieux la vertu de ces Eaux.
1. MEDECIN.
Je crois à vous parler net
Que c'est-là tout ce qu'on peut faire.
2. MEDECIN.
Ce mépris est un sujet
Digne de nôtre colere.
3. MEDECIN.
Il est de nôtre interêt

De pourvoir à cette affaire.

4. MEDECIN.

Si nous souffrons cet abus
Nous n'aurons plus de pratiques

1. APOTIQUAIRE.

Et quand vous n'en aurez plus
Il faudra fermer nos boutiques.

5. MEDECIN.

Ne souffrons pas de nos jours
Une pareille infamie.

6. MEDECIN.

Ne souffrons point que sans nôtre secours
(Dût'il en coûter la vie,)
On ose arrêter le cours
De la moindre maladie.

7. MEDECIN.

Unissons tous nos efforts
Ne songeons qu'à nous deffendre.

8. MEDECIN.

Que dans l'empire des morts
Nul mortel n'ose descendre
Sans un de nos passe ports.

Les Medecins & les Apotiquaires repettent
Le Chœur Verra-t'on, &c. *aprés lequel les Violons*
joüent une ritournelle.

LA MEDECINE, UN MEDECIN, ET UN APOTIQUAIRE.

Mais quels sons harmonieux
Se font entendre dans ces lieux !

UN MEDECIN, *à la Medecine.*

Comme on vous fait ici, quelqu'un de nos malades

Vous fait donner des serenades,
Et tout l'honneur en est à vous.

MOMUS *paroit assis sur un nuage, une Vache*
à ses pieds ornée de Guirlandes de fleurs.

A iiij

PROLOGUE.
UN MEDECIN.
Quelle Divinité grotesque
Dans cet équipage burlesque
Descend jusqu'à nous !
Vient elle consulter sur quelque maladie ?
LA MEDECINE.
Je reconnois Momus Dieu de la raillerie.
CHOEUR.
Pour l'écouter taisons-nous tous.
MOMUS.
Moderez les transports d'une injuste vengeance.
Vos cris importunent les Dieux
Et je decens exprés des Cieux
Pour vous imposer silence.
En faveur de l'aimable Isis
Epargnez-vous d'inutiles cris :
Le souvenir de sa metamorphose
Interesse tous les Dieux
Ils ne veulent pas qu'on s'opose
A ce culte nouveau qu'on lui rend en ces lieux.
CHOEUR des Medecins & des Apotiquaires.
Cedons cedons il faut nous rendre :
Nous ne saurions nous en défendre.
MOMUS descend pendant que le Chœur chante
& il continuë.
En dépit de vos clameurs.
Quelques Divinités du plus sublime étage,
Pour lui faire la cour dans le prochain Village.
Viendront faire l'essai de l'eau mille Fleurs.
LA MEDECINE.
De quel usage
Peuvent leur être ces eaux ?
Les Dieux ressentent'ils les maux
Dont on pretend guerir par ce fatal brevage ?
MOMUS.
Quoique tout comble leurs souhaits.
On voit dans le siécle ou nous sommes.

PROLOGUE.

Que les plus grands Dieux sont sujets
Aux moindres foiblesses des hommes.

LA MEDECINE.

Mais ces Eaux seront sans effet
Pour des beautez éternelles,
Et ce remede n'est fait
Que pour de simples mortelles.

MOMUS.

Dans les Cieux, tout comme icy bas :
Chez les plus grandes Déesses
L'on voit des foiblesses :
Tout comme icy bas.
De tout, leur esprit s'acomode,
Elles aiment la nouveauté,
Et leur vanité
S'attache à la mode.
Le soin de leur teint,
De leur embonpoint,
Toûjours les ocupe :
Et de leurs apas
On est souvent la duppe
Tout comme ici bas :
Quand on ne s'en deffend pas.
Que chacun de vous se retire
De vous venger laissez moi le souci.
Quoi qu'on n'en manque pas ici :
Je vais chercher ailleurs des sujets de satire.
Par ordre du maitre des Dieux
Je dois visiter ces lieux
Où mille objets nouveaux que ce remede atire
Avant que je remonte aux Cieux
Me fourniront assez dequoi le faire rire :
Railler, folatrer, & médire,
C'est mon emploi le plus sérieux.

CHOEUR.

Cedons, &c.

Fin du Prologue.

ACTEURS
DE LA COMEDIE.

MADAME CLABAUDIN, Bourgeoise de Lyon, mere de Julie.

JULIE, Fille de Madame Clabaudin, Amante de Valere.

ANGELIQUE, Niéce de Madame Clabaudin, & Coufine de Julie.

VALERE, Amant de Julie.

CLITANDRE, Ami de Valere.

Mr. CHABOUILLET, Vieux Bourgeois, Aimant de Julie.

LA MONTAGNE, ancien Vallet de Valere devenu Medecin.

THOINETTE, Servante de Madame CLabaudin.

LA TOUR, Valet de Valere.

LUCAS Païfan, Valet de 'a Montagne.

CIDALISE

LUCILLE } Bourgeoifes de Lyon.

MADAME DE FESSEVIN, Campagnarde.

CATHO, petite fille.

UN SUISSE.

SAINT AMOUR, Laquais.

POITEVIN, Laquais ivre.

MARTINE Vieille Païsanne.

CLAUDINE, Païsanne.

La Scene est dans un Village auprés de Lyon.

LES EAUX

DE

MILLE-FLEURS.

Comedie-Ballet.

ACTE PREMIER.

SCENE I.

VALERE, LA TOUR.

VALERE.

Avance donc : tu t'amuſes par tout.

LA TOUR *avec un porte manteau ſur ſon dos.*

Oh par ma foi je ſuis las : vous allez fort à l'aiſe vous : mais ſi vous étiez chargé comme moy, vous n'iriez pas ſi vite.

VALERE

VALERE.

Te voila bien malade ; n'as-tu pas peur de te morfondre ?

LA TOUR *mettant son porte manteau à terre.*

Et bien de quoi s'agit'il ? me voilà. Il y a une heure que nous parcourons ce maudit Village sans savoir où nous allons : ce n'étoit pas la peine de partir de Lyon avant le jour, pour faire une si belle corvée.

VALERE.

Ce ne sont pas là tes affaires : cherchons seulement à nous mettre à couvert, je ne veux pas rester sur le pavé.

LA TOUR.

C'est fort bien dit, je ne veux pas ; mais il faut trouver quelqu'un qui veüille nous ouvrir. Nous avons beau appeller, personne ne répond, & je crois par ma foy que nous ferons mieux de nous reposer ici jusqu'à ce que quelqu'un paroisse.

VALERE.

Je n'ay que faire de ton avis : laisse-là tout cet équipage, & tâche de te faire ouvrir quelque part.

LA TOUR *s'en va, & revient.*

Vous prendrez garde s'il vous plaît, que personne ne touche-là.

VALERE.

Qui veux tu qui y vienne, dis ?

LA TOUR *s'en va, & revient.*

Si l'on m'ouvre il faudra que je vienne vous le dire, n'est ce pas ?

VALERE.

Peste soit de l'animal : obeïs sans tant de raisons. Ne manque pas de t'en-yvrer au premier

B

Cabaret , & de me faire attendre ici toute la journée.

LA TOUR *en s'en allant.*

Parbleu je n'ai pas accoûtumé de m'en-yvrer si matin : à vous entendre parler on me prendroit pour un-yvrogne.

SCENE II.

VALERE , LA MONTAGNE LUCAS.

LA MONTAGNE.

ENtens-tu Lucas ? meine ces Vaches dans la prairie.

LUCAS.

Il y a déjà long-temps qu'elles y sont.

LA MONTAGNE.

Et qu'on ay soin de les faire boire souvent , cela est de conséquence. Entens-tu ?

LUCAS.

Oüi oüi j'entens.

LA MONTAGNE.

Si l'on vient chercher de l'Eau de mille Fleurs, tu mêleras ce qui en resta hier avec la nouvelle afin que rien ne se perde , & si l'on me demande tu diras que je suis allé voir quelques malades : entens-tu ?

LUCAS.

Hé oüi , oüi , j'entens tout-ça : ne vous boutés pas en peine de rian.

SCENE III.

VALERE, LA MONTAGNE

LA MONTAGNE apercevant Valere.

Voici quelque nouvelle pratique aparemment : mais. Que vois je !

VALERE.

J'ay vû cet homme-là quelque part si je ne me trompe.

LA MONTAGNE.

Monsieur Valere !

VALERE.

Parbleu je ne me trompe point, c'est la Montagne.

LA MONTAGNE.

Quel bonheur, Monsieur, de vous voir en ces Quartiers !

VALERE.

Hé bon jour mon pauvre la Montagne : que fais-tu donc ici ?

LA MONTAGNE.

Monsieur je suis sur mon fumier, & depuis trois ans que j'ai quitté le service de Monsieur vôtre Pere, las du grand monde, & fatigué de l'embarras de la Ville, j'ai voulu goûter à mon tour la douceur d'être maître chez moi ; avec un petit Pré, un Puits & quelques ruches à miel, qui font presque toute ma légitime, je me suis fait Apotiquaire.

VALERE.

Tu es Apotiquaire ? comment diable ! c'est un métier à devenir riche.

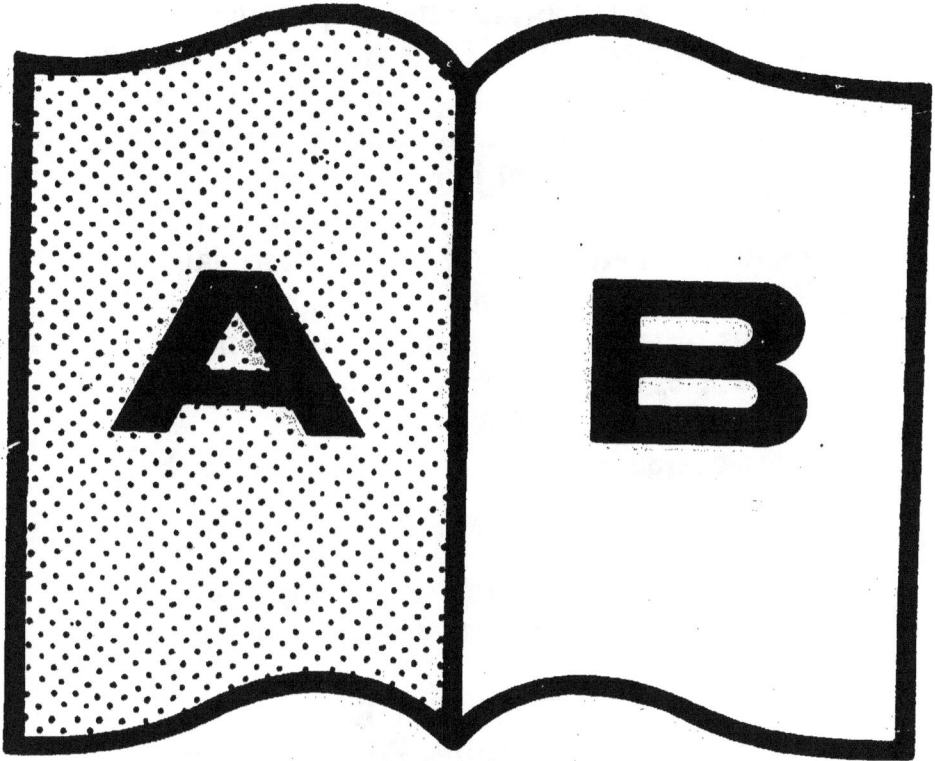

Contraste insuffisant

NF Z 43-120-14

LA MONTAGNE.

Oh Monſieur ce n'eſt pas encore tout. Je ſai paſſablement bien lire, & paſſablement mal écrire, & en vous entendant repetter vos leçons lorſque vous êtiez jeune, j'ai retenû quelques mots de latin : je les citte à tors & à travers en débitant mes drogues, & tout celà joint avec un peu d'éffronterie m'a aquis la qualité de Medecin de Village. Grace au Ciel je n'ay pas mal reuſſi, & le remede nouveau que je viens de mettre à la mode m'à mis en ſi grande réputation dans toute la Province, que je ne deſeſpere pas de faire quelque jour autant de bruit dans le monde, que bien d'autres qui n'en ſavent pas plus que moi.

VALERE.

Ques-ce que c'eſt donc que t'on remedé à la mode ?

LA MONTAGNE.

Ce que c'eſt ? hé Monſieur vous le ſçavez bien: es-ce que vous n'avez pas entendu parler de l'eau de mille Fleurs ?

VALERE.

C'eſt-là ce que tu apelles t'on remede à la mode ? il eſt vrai que j'en ai oüi dire quelque choſe ; mais j'ai toûjours crû que ce n'étoit qu'une raillerie : où diable es-tu allé chercher ce remede?

LA MONTAGNE.

Je n'en ſuis pas l'inventeur Monſieur : il y a cent ans, (à ce qu'on dit) qu'un Centilhomme Eſpagnol, au retour d'un voyage des Indes, s'aviſa d'en propoſer l'uſage en Europe. Je n'ai fait que le déterrer de l'oubli dans lequel il étoit enſeveli depuis ſi long-temps, & pour prevenir l'horreur que ſon nom naturel pourroit inſpirer aux gouts délicats, je lui en ai donné un qui le rend plus potable, qui eſt celui d'Eau de mille Fleurs.

VALERE.

A ce compte-là, tu-es le seul qui débite ce remede ?

LA MONTAGNE

Monsieur l'on s'est imaginé que l'Eau de mille Fleurs de ces quartiers est plus salutaire que les autres, & pour mettre à profit cette erreur j'ai fait croire aux gens que je lui communique une vertu secrette : Voilà de qu'elle maniere je me suis emparé du droit de la débiter tout seul : on acourt ici de toutes parts, & depuis le commencement du Printems il vient une si grande affluence de monde la boire sur les lieux, qu'on ne sait où les loger : par ma foy si la vogue continuë mes associez ni moi nous ne pourrons plus y fournir.

VALERE.

Tu-as donc des associez ?

LA MONTAGNE.

Sans doute regardez Monsieur, voila mes associez. Ce sont des Vaches qui paissent dans cette prairie.

VALERE.

Parbleu voila une belle societé ! des Vaches avec la Montagne.

LA MONTAGNE.

C'est dans cette Praïrie que nous tenons nôtre Laboratoire, & pour ne point nous embarrasser nous avons partagé nos fonctions, les Vaches composent le remede, je le distribuë, & j'en retire le profit.

VALERE.

La plaisanterie est bien imaginée ; mais y a-t'il des gens assez simples pour donner là dedans ?

LA MONTAGNES.

Pour peu que vous restiez ici vous en verrez plus que je ne pourrois vous en dire. Sans compter

un nombre infini de jeunes gens que le plaisir &
la compagnie y amenent, vous y trouverez plusieurs personnes de l'un & de l'autre Sexe qui se
plaignent de vapeurs. De gros Abés qui couvrent
du pretexte de quelques infirmités, le soin de con-
server leur embôpoint. De vieux Pecheurs à qui les
tourmens de la goute font payer bien cher les dé-
licts de la jeunesse; Quantité de beautés surannées
de toutes sorte d'états ; qui viennent au peril de
la vie racommoder leur teint, & racheter les dents
que l'age leur a arrachées. Des Vieillards qui
veulent rajeunir. Des jeunes Filles qui ont les pâles couleurs ; des jeunes Femmes qui pretendent
réparer l'économie de leurs apas, que les fatigues
du dernier Carnaval ont furieusement dérrangée.
Quelques-unes la prennent pour engraisser, d'autres la prennent pour maigrir, de certaines pour
avoir des enfans, & d'autres pour n'en point
avoir. Enfin Monsieur je ne saurois vous faire un
détail de toutes les proprietés qu'on attribuë à
l'Eau de mille Fleurs.

VALERE.

Cependant pour l'avoir mise si fort en crédit,
il faut bien qu'on en ait vû des effets surprenants.

LA MONTAGNE.

Ma foi Monsieur je vous avoüerai naturellement, que je ne lui connois d'autre mérite que
celui de me faire gagner de l'argent. Plusieurs se
plaignent de ce que bien loin de guerir leur maux
presens, elle en a renouvellé d'autres, dont ils
n'avoient pas été bien gueris. Quelques uns en
sont incommodés, & le seront toute leur vie. Il
y en a même qui en sont crevés, & qui n'en re-
viendront pas, l'on ne se désabuse point pour tout
cela, la nouveauté l'emporte, chacun veut en
essayer, & quoi qu'il en coute on veut se mettre

à la mode. Mais Monfieur vous ne venez pas ici fans deffein, ne pourray-je point, fans trop de curiofité, m'informer de ce qui vous y atire?

VALERE.

J'arrive comme tu vois, & j'ai quelques raifons qui m'obligent à ne point me faire connêtre.

LA MONTAGNE.

Monfieur je fuis ici dans une fituation à faire quelque plaifir à mes amis, ne pourrois-je point vous être utile?

VALERE.

Je fuis, trés-fenfible à ta bonne volonté mon pauvre la Montagne & l'épreuve que j'ay faite tant de fois de ta fidelité, m'engage à ne te rien déguifer. Sache donc que c'eft l'amour qui m'ameine en ces lieux : aprés une abfence de trois mois, mon impatience ne m'a pas permis de differer plus long-tems à venir voir la beauté qui me charme.

LA MONTAGNE.

Je l'aurois deviné fans que vous me l'uffiés dit. Je connois vôtre temperemment comme vous favés, & je me fouviens que l'amour a toûjours été vôtre foible. Ne feroit-ce point encor cette aimable perfonne pour laquelle (fans vous offencer) je vous ai vû faire tant d'extravagances?

VALERE.

Que veux tu dire?

LA MONTAGNE.

Eh là... quand pour vaincre les obftacles qui s'offroient à vôtre paffion, vous couriez les rües toutes les nuits.

VALERE.

Ah ah.

LA MONTAGNE.

Et quand pour trouver l'occasion de parler à
vôtre belle , vous arpentiez tous les promenoirs
de la Ville sous divers déguisemens ; je me souviens que quelques fois vous nous avez donné
bien à rire.

VALERE.

Ah ! ne me rapelles plus toutes ces folies, je t'en
prie.

LA MONTAGNE.

Eh Monsieur ne les désavoüez pas :] elles font
honneur, quand elles ont pour objet une aussi aimable personne que celle pour qui vous les faisiez.

VALERE.

Ce n'est plus elle qui m'occupe ; mais celle qui
a pris sa place dans mon cœur n'a ni moins d'a-
grémens ni moins de mérite. Puis que tu fais ici
t'on séjour ordinaire tu dois la conêtre , c'est la
charmante Julie.

LA MONTAGNE.

La fille de Madame Clabaudin ?

VALERE.

C'est elle-même : depuis deux jours je suis de
retour de Paris , & j'ai apris en arrivant , qu'elle
passoit ici le printems avec Madame sa mere,
dans une maison qu'elle a achetée depuis peu.

LA MONTAGNE.

Monsieur j'ai l'honneur de la conêtre : la pêste
c'est un friand morceau ! à ce que je vois vous
vous adressez toûjours bien, & vous ne perdez pas
an change. Il ne faut pas demander si vous êtes
bien avec elle.

VALERE.

J'ay eu assez de bonheur pour lui faire agréer
mes feux ; mais elle dépend d'une mere qui est la

femme du monde la plus extraordinaire. Depuis trois ans que je brûle pour Julie, j'ai fait d'inutiles efforts pour gaigner l'esprit de la mere, & j'ai tout à craindre de ses caprices, & de son humeur interessée.

LA MONTAGNE.

Ces pestes de Meres gâtent toûjours les affaires amoureux; mais ne perdez pas l'esperance. Le talent de la Medecine dont je me mêle, n'auroit pas suffi seul à me mettre aussi bien dans mes affaires que j'y suis. J'ay apris en servant plusieurs maîtres de vôtre caractere, l'art de tourner proprement une intrigue amoureuse, & de la conduire heureusement à ses fins, avec l'inclination qui me porte à vous faire plaisir le Diable s'en mêlera si nous ne trouvons le secret de vous rendre heureux.

VALERE.

C'est la l'unique dessein qui m'ameine dans ce Village. Depuis mon retour de Paris, j'ai employé le tems de mon sejour à Lyon à prendre des mesures avec mes meilleurs amis. Ils doivent aujourd'hui se rendre ici, & de la maniere dont nous avons disposé toutes choses, j'espere que Madame Clabaudin donnera dans tous les piéges que nous lui tendrons. Tu vois de qu'elle consequence il est que mon arrivée soit secrete, je ne suis jamais venû ici, & la confiance que j'ai en t'on industrie, me fait rendre grace à mon êtoile qui m'adresse si heureusement à toi.

LA MONTAGNE.

Parbleu, Monsieur, vous ne pouviez mieux rancontrer. C'est une de mes meilleures pratiques que Madame Clabaudin, & je s'ai comment il faut la ménager. Quoi qu'elle ne démorde pas aisément de ce qu'elle s'est une fois mis dans la

tête, son humeur changeante lui fait donner
aveuglément dans toutes sortes de nouveautés.
Faites donc agir l'amour de vôtre côté, tandis
que du mien pour faire donner nôtre vieille mere
dans le paneau, je me servirai du pouvoir que me
donne sur son esprit l'entêtement qu'elle a pour
sa santé.

SCENE IV.

VALERE, LA MONTAGNE, LA TOUR.

LA TOUR.

MA foi Monsieur je cours inutilement: il n'est
maison Cabaret, coin ni recoin dans tout le
Village que je n'aye visité moi même, tout est
ocupé depuis le grenier jusqu'à la Cave, & je
crois que faute de Logis nous serons obligés de
camper incognitò dans les ruës.

LA MONTAGNE.

Comment, Monsieur, je ne souffrirai pas que
vous preniez d'autre logement que ma maison,
vons y serez plus commodément, sans vanité que
dans aucune autre du Village, & nous prendrons
nos mesures plus facilement.

VALERE.

J'accepte avec plaisir l'offre que tu me fais, &
tu peux t'assurer de ma reconnoissance.

LA MONTAGNE.

Disposez de tout ce que j'ay Monsieur: mais
vous êtes fatigué sans doute, & vous ne ferez pas
mal de venir vous m'éttre à vôtre aise.

SCENE V.

VALERE, LA MONTAGNE, CATHO, LA TOUR.

CATHO *portant une bouteille.*

Monſieur, Monſieur, es-ce vous qui faites l'Eau de mille Fleurs ?

VALERE.

Non ma belle enfant : il faut s'adreſſer à Monſieur.

LA MONTAGNE.

Ma mie je n'ai pas le loiſir de vous parler preſentement revenez tantôt.

CATHO.

Pourtant Monſieur je ſuis bien preſſée.

VALERE.

Ne lui donne pas la peine de revenir, elle n'a peut-être pas à faire pour long-tems.

LA MONTAGNE *à la Tour.*

Mon ami, porte en attendant tout cela chez moi : tien c'eſt à cette grande porte que voilà. *à Valere.* Où avez vous laiſſé vos Chevaux ?

VALERE.

A deux cents pas d'ici, chez une bonne femme qui m'a promis d'en avoir ſoin.

LA MONTAGNE *à la Tour.*

Tu n'auras qu'à les mettre dans mon écurie.

VALERE.

Avant que de les amener monte à Cheval, & cours à la rencontre de ces Meſſieurs qui viennent, pour leur dire où je ſuis. *La Tour s'en va.*

LA MONTAGNE.

Ça, voyons, que demandez vous ma mie?

CATHO.

Monsieur donnez-moi vite, vite de l'Eau de
mille Fleurs pour ma Sœur, qui est toute je ne
sçai comment.

LA MONTAGNE.

Quelle maladie a-t'elle?

VALERE.

Les pâles couleurs sans doute.

CATHO.

Oh. Elle dit bien que c'est celà: mais....

LA MONTAGNE.

Mais quoi? Il faut bien que je sache ce qu'elle
a si elle veut guerir.

CATHO.

Monsieur elle voudroit bien guerir mais.....
elle ne voudroit pas dire ce qu'elle a.

LA MONTAGNE.

Il faut bien qu'elle le dise, mon enfant: je ne
saurois deviner.

CATHO.

Et comment vous le diroit elle à vous, puis
qu'elle n'a jamais voulû le dire à ma mere. Elle
dit toûjours, je n'ai rien, je n'ai rien, mais je
me doute bien de ce que c'est.

LA MONTAGNE.

Et bien qu'est-ce?

CATHO.

Me promettez-vous de n'en rien dire? & je
vous le dirai.

LA MONTAGNE.

Oüi, oüi, je vous le promets: dites vite.

CATHO à *Valere.*

Et vous aussi Monsieur?

VALERE.

Oüi, oüi, je vous le promets auſſi.

CATHO *à la Mon.*

Ah bon : car vous me feriez batre. Tenez vous vous ſouvenez bien de ce grand Monſieur qui a demeuré ici un mois pour prendre l'Eau de mille Fleurs, & qui logeoit chez ma Maraine.

LA MONTAGNE.

Et bien?

CATHO.

Et bien, il aimoit bien ma Sœur, à ce qu'il diſoit, & ma Sœur l'aimoit bien auſſi : ils s'étoient promis de ſe marier enſemble ; cependant.....

LA MONTAGNE.

Cependant.

CATHO.

Ce vilain Monſieur eſt parti ſans lui rien dire.

VALERE.

Il a tort.

LA MONTAGNE.

Hem... voici quelque maladie à la mode.

CATHO.

Depuis ce temps-là, elle ne mange point, elle ne dort point, & toûjours, toûjours elle ne fait que pleurer : celà la rend ſi pâle, qu'on ne la reconnoit plus.

LA MONTAGNE.

N'y a-t'il que cela?

CATHO.

Non Monſieur : es-ce que n'eſt pas aſſez ? ſi elle venoit à mourir j'en ſerois bien fâchée, quoi qu'elle ſoit un peu méchante.

LA MONTAGNE.

Oh qu'elle n'en mourra pas, ne craignez rien : donnez je vais quérir ce qu'il vous faut. *à Valere*, je vous demande pardon Monſieur, dans un moment je ſuis à vous.

C

SCENE VI.

VALERE, CATHO.

CATHO.

AU moins Monſieur, n'allez pas dire à ma Sœur ce que je vous ai dit, elle ne me le pardonneroit jamais : elle m'envoye de bon matin afin que ma mere ne le ſache pas.

VALERE.

Oh ma petite je n'ai garde de lui dire, je ne la connois pas.

CATHO.

Quoi, Monſieur, vous ne connoiſſez pas ma Sœur ? il n'y a donc gueres que vous êtes ici: car tous les beaux Meſſieurs qui y viennent ont d'abord fait connoiſſance avec elle. Elle eſt bien jolie au moins.

VALERE.

Je n'en doute point.

SCENE VII.

VALERE, LA MONTAGNE, CATHO.

LA MONTAGNE.

TEnez mon enfant portez cela à vôtre Sœur.

CATHO.

Cela lui fera t'il revenir ſa couleur ?

LA MONTAGNE.

Oüi : & ſi elle veut en prendre pendant huit

jours, cela lui fera revenir son Amant: allez.

CATHO.

Bon Dieu ! qu'elle sera aise quand elle saura cela... *elle s'en va & revient* , Monsieur si j'en buvois aussi, me feroit elle venir un galland ?

LA MONTAGNE.

Un galland ! oüi dea , & qu'en feriez vous petite fille ?

CATHO.

Oh oh Monsieur : c'est pour aprendre à faire l'amour quand je serai grande. Les Messieurs qui viennent voir ma Sœur me disent bien quelquefois que je suis jolie ; mais quand ma Sœur entend cela , elle dit que je suis une petite morveuse. Oh Dame je serois bien aise d'en avoir un pour moi toute seule, sans qu'elle le sçut.

LA MONTAGNE.

Non non, n'en buvez point , je vous en ferai venir un sans cela. *Catho s'en va,* l'heureux naturel ! Monsieur ne nous arrêtons pas d'avantage: la maison de Madame Clabaudin n'est pas fort éloignée d'ici , & comme il est encore de bonne heure vous pourrez prevenir Julie avant que vôtre compagnie arrive. Il ne faut point que je paroisse dans cette affaire, & pour éviter tout inconvenient , je vais lui faire tenir un billet d'une main inconnuë tandis que vous vous reposerez chez moi.

SCENE VIII.

JULIE, ANGELIQUE.

ANGELIQUE *entre en chantant & en dançant.*

AU gué lan la lurette, au gué lan la.

JULIE.

Je crois ma Cousine, que tu as resolû de me faire perdre l'esprit aujourd'hui : tu vas si vite que je saurois te suivre.

ANGELIQUE.

Allons paresseuse, tu es de mauvaise humeur parce que je t'ai fait lever matin : regarde le beau-temps qu'il fait. Ce seroit une honte de donner au sommeil une si belle matinée. Au gué lan la lurette, au gué lan là.

JULIE.

Si tu prétens aller de cet air-là, va toute seule : je n'y puis plus tenir.

ANGELIQUE.

Au gué lan la lurette... que dis-tu ma Cousine ? au gué lan la.

JULIE.

Assurement tu-as bien peu de discretion : tu sais que je suis d'une foiblesse à ne pouvoir pas me soutenir, & tu n'es pas contente de m'avoir lutinée depuis le point du jour, il faut encor que tu me fasses venir ici malgré que j'en aye.

ANGELIQUE.

Vien vien Julie, j'ay pitié de toi : dequoi diantre t'avisois-tu de prendre l'Eau de mille Fleurs quand tu te portois bien ? si tu tombois malade tu l'aurois bien merité.

JULIE.

Ay-je pû m'en deffendre ? & ma Mere ne l'a-tel-
le pas voulû absolument ?

ANGELIQUE.

Je t'assure que ta mere est trop plaisante avec
so̧ Eau de mille Fleurs ; si j'avois été à ta place
je l'aurois bien laissé dire.

JULIE.

Si tu avois été à ma place tu aurois fait tout
comme moi : pour avoir la paix avec ma Mere, il
a fallû que toute la maison en ayt bû, Valets, Ser-
vantes, Laquais , & jusqu'à sa petite Chienne
qui en est quasi morte. Je t'avoüe que je suis très-
ennuyée , & tres-fatiguée de toutes ces fan-
taisies.

ANGELIQUE.

Oh si tu t'ennuyes d'étre ici , ma Cousine , je
ne m'y ennuïe pas moi. Quand je suis à la Ville
ma Mere ne peut souffrir que je parle à personne,
au lieu qu'ici ma Tante nous laisse quelque liberté : l'Eau de mille Fleurs y atire bonne companie, l'on s'y réjoüit, l'on y fait des parties; voila
ce que j'aime:& je sai bon gré à ma Mere de m'a-
voir laissé venir passer le printems avec toi.

JULIE.

Tu te trouves bien par tout ou l'on se divertit;
mais si tu êtois exposée comme je suis,à la mauvaise humeur d'une Mere qui est toûjours malade . . . .

ANGELIQUE.

Hé que ta Mere n'est point si malade qu'elle
veut le faire croire : toutes ces nouvelles incommodités qui lui surviennent chaque jour, ne sont
qu'un pretexte pour rester ici. Je ne sai point
qu'elles affaires l'obligerent hier d'aller à Lyon ;
mais je gage qu'elle ne tardera pas de revenir :

quelque charme secret la retient à la Campagne,
& j'ai oüi murmurer sourdement, qu'elle est dans
le dessein de se remarier.

JULIE.

Cela pourroit être.

ANGELIQUE.

Tout de bon ma Cousine ?

JULIE.

On le dit au moins.

ANGELIQUE.

Si cela est... je me doute avec qui ce peut-être.

JULIE.

Avec qui ?

ANGELIQUE.

Ne seroit ce point avec Clitandre ?

JULIE.

Assurément tu as bien rencontré. Il faut que tu
ayes perdû l'esprit, pour croire que ma Mere à
son âge puisse s'entêter de Clitandre, parce qu'elle souffre qu'il vienne au logis, & qu'elle lui fait
honêteté.

ANGELIQUE.

Hé mon Dieu, ma Cousine, il n'y a rien là d'im-
possible, & ce n'est pas une chose si rare que de
voir de vieilles folles, qui n'ont point de honte
de prendre des engagemens avec de jeunes mor-
veux, de qui elles pourroient être les grand'
Meres.

JULIE.

Ce que tu dis là n'a pas la moindre aparence,
& pour te faire voir que tu te trompes, apren que
c'est avec Monsieur Chaboüiller.

ANGELIQUE,

Ah, ah, ah, ah, ah.

JULIE.

Voila ma folle : il faut bien peu de chose pour
te faire rire.

ANGELIQUE.

Ah, ah, ah, ah, ah, ah.

JULIE.

Allons ri, ri courage, ri donc.

ANGELIQUE,

Quoi ma tante... ma ~~mere~~ *Tante* veut se marier avec Monsieur Chabouïllet?

JULIE.

Pourquoi non : qu'y a t'il là de si ridicule?

ANGELIQUE.

Ce vieux hibou, qui alla hier avec elle à Lyon, qui s'avise quelques fois de nous en conter, & duquel nous ne pouvons nous débarrasser ? ah ma Cousine! l'aimable petit beau Pere que tu aurois-là.

JULIE.

Je t'avoüe que si c'étoit pour mon compte, il ne seroit nullement de mon goût.

ANGELIQUE.

Oh ma Cousine cela ne peut être.

JULIE.

Je te dis encor une fois que rien n'est plus certain : il y a long-tems que cette affaire est resoluë, des raisons que je ne sai point les obligent de la tenir secrete ; & tout ce que j'en say, c'est que sans quelques affaires de conséquence qui, retardent ce mariage, il y a plus d'un mois qu'il seroit fait.

ANGELIQUE.

Tu es bien simple ma Cousine : va va je pénétre mieux que toi dans l'esprit de ta Mere. Depuis qu'elle a pris l'Eau de mille Fleurs, elle s'imagine d'être rajeunie, & je gagerois que les affaires de conséquence qui font differer ce mariage, ne sont autre chose que le dessein de prendre un Mari plus jeune que Monsieur Chaboüillet.

SCENE IX.

JULIE, ANGELIQUE, CLITANDRE, VIOLONS.

CLITANDRE *se tournant du côté des Violons*
qui le suivent.

EH Meſſieurs les Violons, ne me ſuivez point:
remontez, & que la compagnie continuë à
dancer. *Les Violons rentrent.*

ANGELIQUE.

Ah ma Couſine ! je crois que voila Clitandre.

JULIE,

Je penſe qu'il eſt devenû fou: comme le voila
bâti !

ANGELIQUE.

Et bien Clitandre d'où ſortez vous en cet équipage ? & d'où vient que vous courez les ruës fait
comme vous êtes ?

CLITANDRE.

Ah mes petites ! par quel bon heur vous ren-
contrai-je ici ? parbleu vous voila ſur pied de
bonne heure. Ah petites friponnes il y a du deſſein,
& vous ne venez pas ici pour rien.

JULIE.

Le deſſein de profiter d'une ſi belle matinée
nous a fait ſortir de la maiſon, & le ſeul hazard
nous a conduites juſqu'ici.

CLITANDRE.

Ah mes pauvres enfans que vous avez bien perdû de n'être pas des nôtres ! l'on n'a jamais tant
ri : vous me voyez aſſez mal en ordre, & comme
un homme qui a dancé toute la nuit.

ANGELIQUE.

Je vous jure que vous me le païerez Clitandre:
vous me promites hier d'amener vos violons chez
ma Tante, je m'attendois à dancer toute la
soirée, vous savez que c'est ma folie; & vous me
manquez de parole pour faire des parties ailleurs:
allez je vous gronde, ne me parlez plus.

CLITANDRE:

Je veux que le Ciel me punisse, ma mignonne,
si j'avois prevû cette partie quand j'eus l'honneur
de vous voir. Je soupai avec dix ou douze de mes
amis, nous nous en-yvrames tous à force de boire à vôtre santé: aprez le souper nous vinmes
donner des Serenades à une Dame qui nous pria
de monter, le bruit de nos Violons éveilla tous
les malades qui logent ici au tour; chacun y
vint en déshabillé; & jamais on n'a vû assemblée
en si plaisant équipage. Insensiblement elle aug-
menta, l'on se mit en train, chacun se masqua
des premiers habits qu'il trouva, & nous com-
mençames un Bal qui n'est pas encor fini.

ANGELIQUE.

Ah ma Cousine si nous avions sçû ce Bal pendant que ma Tante est à Lyon. . . . . mon Dieu
que voilà qui est chagrinant.

JULIE.

Ma Mere auroit trouvé fort mauvais que nous
y fussions allées.

CLITANDRE.

Bon bon. Je vous aurois excusées. Je n'ay qu'à
lui faire des contes, & je la tourne tout comme
il me plait; Mais parbleu vous auriez ri de voir
toutes les diférentes figures de nos Dames dans
leur négligé: quelques unes qui ne s'attendoient
pas de venir au Bal, avoient malheureusement bû
de l'Eau de mille Fleurs quelque temps aupara-

vant,& nous n'avons pas eu peu de plaisir,de voir les Contorsions qu'elles faisoient pour apaiser les trenchées que leur causoit ce remede, dont l'effet un peu trop prompt,en a contraint cinq ou six de fausser companie au milieu d'un menuet.

ANGELIQUE.

Ah ah ah ah que j'aurois ri si j'avois été là, Mais pourquoi ne vous êtes vous pas masqué comme les autres?

CLITANDRE.

Je voulois me mettre en Arlequin ; mais toutes ces Dames m'ont trouvé parfaitement bien comme je suis. Je vous assure qu'il n'y en a eu que pour moi, par tout où je vais c'est la même chose, les Dames ne sauroient se passer de moi. Par ma foi si cela continuë,je prierai quelqu'un de mes amis d'avoir la charité de me décrier.

JULIE.

C'est à dire que vous avez fait bien de conquêtes,parmi toutes ces belles Dames.

CLITANDRE.

Par ma foi je vous assure que je les ai toutes regardées fort indifferemment. Il n'y en a presque pas une,de celles qui sont un peu de mise, avec qui je n'aye eu quelque affaire de cœur, & quand on se connoit depuis si long temps,....ma foi cela ne pique plus.

JULIE.

Croïez moi,vous ne ferez pas mal d'aller vous reposer.

CLITANDRE.

Bon:vous moquez vous ? Je suis infatigable. Je sors exprez du Bal pour aller relancer deux ou trois de nos amis qui nous ont deserté , & je vais chez eux , faire un tapage de tous les Diables pour les ramener. Il y a cependant quinze jours

que ce petit train dure ; & tout le monde me dit
que je deviens maigre : ne me trouvez vous pas
un peu changé?

ANGELIQUE.

Affurement vous vous tuez Clitandre , & vous
femblez un déterré,

CLITANDRE.

Cela ne fera rien: je vais bien tôt me mettre
dans les remedes , & cinq ou fix prifes d'Eau de
mille Fleurs racommoderont tout.

JULIE.

Vous avez des affaires , & nous vous retenons
trop longtemps : de peur de vous retarder davantage, nous allons continuër nôtre promenade.

CLITANDRE.

Quoi mes Princeffes, vous voulez me priver fi
tôt du plaifir de vous voir ?

JULIE.

C'eft un plaifir qui ne vous touche gueres , &
vous trouvez par tout dequoi vous en dédoma-
ger.

CLITANDRE;

Que dites vous là ma charmante ? Morbleu
j'enrage d'être obligé de me brouiller avec Valere : à fon retour il aura le chagrin de voir en moi
fon meilleur ami devenu fon rival, mais ma foi
je ne puis m'en deffendre, & vos beaux yeux me
forcent à lui faire une infidelité.

JULIE.

Je vous fuis caution que de ma part il n'aura
aucun fujet d'inquietude.

ANGELIQUE.

Allez vite, partez , ne quittez pas vôtre Com-
pañie.

CLITANDRE

A Angelique. Adieu petite friponne... *A Ju-*
lie. Ces yeux... ah! *Il s'en va en danfant.*

SCENE X.

JULIE, ANGELIQUE.

JULIE.

VOila les gens qu'il te faudroit ma Coufine,
& vous feriez parfaitement bien enfemble.

ANGELIQUE.

Pourquoi non ?

JULIE.

Hé je croi que pour peu qu'il fut d'humeur de
t'en conter tu ferois auffi empreffée de lui que tu
l'as été de bien d'autres.

ANGELIQUE.

Sans doute. Rien ne me divertit tant que le
changement, & mon humeur eft incompatible
avec tout ce qui s'apelle attachement ferieux.
J'aime à rire, à chanter, à dancer, & à faire la
folle ; & fi mon cœur vient à pancher de quelque
côté, c'eft pour fi peu de temps que je ne m'en
fouviens pas un quart d'heure aprés.

JULIE.

Tu fais un portrait fort avantageux de ta petite perfonne , & je t'aime de cette humeur là.

ANGELIQUE.

Tu m'aimerois peut être mieux , fi je faifois
pour quelqu'un ce que tu fais Valere , & j'aurois
fans doute meilleure grace, de conferver comme
toi de tendres fentimens, pour un amant qui feroit des trois mois fans me venir voir,

JULIE.

Valere témoigne par fon procédé les egards
qu'il a pour moi : ma mere plus fenfible à l'inte-
ret qu'au merite, l'a rebutté plufieurs fois ; & je
fuis

suis persuadée que si il se prive du plaisir qu'il auroit à me voir, ce n'est que pour ne pas m'expo-
ser aux emportemens de ma mere.

SCENE XI.

JULIE, ANGELIQUE, THOINETÉ.

THOINETE.

LE Ciel en soit loüé, je vous rencontre à la fin;
j'ay crû que vous étiez perduës.

JULIE.

A qui en as tu donc Thoinete?

THOINETE.

J'ay quelque chose qui vous fera peut être
plaisir.

ANGELIQUE.

Montre moi ce que c'est.

THOINETE.

Ce n'est pas pour vous Mademoiselle, n'allez
pas si vite.

JULIE.

Pour qui donc? pour moi.

THOINETE.

Oui : tenez c'est un billet qui s'adresse à vous.

JULIE.

A moi Thoinete?

THOINETE.

A vous même, lisez.

JULIE.

Je ne connois point ce Caractere : qui te l'a
donné?

THOINETE.

C'est une espece de Païsan que je ne connois
point.   D

ANGELIQUE.

Ma Cousine : voïons ce que c'est.

JULIE.

Atten du moins que je l'aye lû , te voilà bien preſſée.

ANGELIQUE *Pendant que Julie lit.*

Thoinete, donne moi donc quelque billet tendre à moi.

THOINETE.

Et de qui, voulez vous que je vous en donne ?

ANGELIQUE.

De qui tu voudras : qu'importe,

THOINETE.

Ma foi je n'en ai point pour vous.

ANGELIQUE.

Et bien ma Cousine, quelles nouvelles ?

JULIE.

Quelle curioſité ! Thoinete, où as tu laiſſé celui qui t'a remis ce billet ?

THOINETE.

Je lui ai dit de vous attendre au bout de la grande allée qui eſt derriére le jardin.

JULIE.

Je me doute à peu prez de ce que c'eſt : allons nous promener de ce côté.

ANGELIQUE.

Otons nous d'ici! j'aperçoi Monſieur la Montagne , & ſi il nous aborde il nous tiendra deux heures à nous parler de ſes malades.

SCENE XII.

LA MONTAGNE.

PArbleu: je vais porter de bonnes nouvelles à nôtre amoureux ! ſi nous avions ſçû que Ma-

dame Clabaudin n'est pas chez elle, nous n'au-
rions pas perdu nôtre temps à prendre des pre-
cautions inutiles.... *Il apercois Martine qui tra-
verse le Theatre.*

SCENE XIII.

LA MONTAGNE, MARTINE.

LA MONTAGNE.

HOla Martine, vous passez sans me voir: quand
vous plaira-t'il de me payer ?

MARTINE.

Helas Monsieur,....

LA MONTAGNE.

Mais ma bonne femme, vous voyez bien qu'il
faut que je sois payé de mes remedes, il est juste
que chacun vive de son mêtier.

MARTINE.

Il est vrai Monsieur : mais les remedes que vous
avez donnez à mon Mari lui ont fait plus de mal
que de bien. Avant qu'il eut pris vôtre Eau de
mille Fleurs, son mal ne l'empêchoit pas de travail-
ler, au lieu qu'à present il est obligé de garder
le lit.

LA MONTAGNE.

Que voulez-vous que j'y fasse bonne femme ?
vous me dites-là de bonnes raisons. Parbleu je
suis d'avis qu'ō ne paye aux Apotiquaires que les
remedes qui guerissent les gens ; ce seroit un beau
mêtier que le leur, ils y trouveroient bien leur
compte.

MARTINE.

Mais Monsieur, nous sommes si pauvres, si

pauvres ; comment voulez-vous que nous trou-
vions de l'argent ?

LA MONTAGNE.

Bon bon vous êtes si pauvres: la somme est-elle
si grosse que vous ne puissiez me la payer ?

MARTINE.

Je vous assure, mon bon Monsieur , que nous
n'avons pas un sou : mais si vous voulez en place
d'argent vous accommoder de quelque peu de
denrées qui nous restent , nous ferons comme
nous pourrons.

LA MONTAGNE *après avoir un peu revé.*

Non non ma bonne femme , gardez vos dén-
rées je n'en ai que faire : Je ne suis pas de ces Medecins qui se payent de........de bagatelles.
J'aime mieux vous attendre , & pour si peu de
chose, je ne veux pas me faire montrer au doit:
allez.

SCENE XIV.

LA MONTAGNE, S. AMOUR.

S. AMOUR.

BOn jour Monsieur de la Montagne, bon jour:
où Diable vous tenez-vous donc ¿ il y a une
heure que je vous cherche.

LA MONTAGNE.

De quoi s'agit'il ? S. Amour.

S. AMOUR.

Il s'agit de venir parler à Madame la Comtes-
se , & tout à l'heure : car cela presse.

LA MONTAGNE.

Qu'à-t'elle donc qui la presse tant ?

S. AMOUR.

Comment le faurions-nous, puis qu'elle no le fait pas elle-même.

LA MONTAGNE.

Je ne faurois y aller si-tôt.

S. AMOUR.

Il faut cependant que vous y veniez ; ou bien nous ferons obligés de déferter la maifon. Elle crie, elle tempête, elle fait le Diable à quatre, & depuis qu'elle a bû vôtre Eau de mille Fleûrs, je croi Dieu me pardonne qu'elle a perdû la raifon, nous ne pouvons pas durer auprés d'elle : ma foi vous lui avez donné là un vilain remede Monfieur la Montagne.

LA MONTAGNE.

Le moyen qu'elle n'en foit pas incommodée ? elle ne fe ménage point.

S. AMOUR.

Oh pour le coup vous lui faites tort, c'eft une femme d'ordre fi jamais il en fût : ici comme à la Ville, elle fe retire réguliérement quand le Soleil fe lève, & ne fort du lit ni du logis, régulierement qu'à la nuit tombante. On dit qu'elle a joüé jufqu'au jour, & qu'elle a perdu gros, c'eft aparemment ce qui la met de fi belle humeur : elle veut pourtant fe faire faigner aujourd'hui.

LA MONTAGNE.

La voila dans de belles difpofitions!

S. AMOUR.

Elle veut vous parler auparavant, ne la faites pas attendre : le Chirurgien eft déja venû.

LA MONTAGNE.

Quel Chirurgien a t'elle fait apeller ?

S. AMOUR.

Le même qui la fert depuis qu'elle eft ici.

LA MONTAGNE *en colere.*

Quoi? malgré tout ce que j'ai pu lui dire, elle se sert encor d'un coquin, d'un maraut, d'un scelerat, d'un fripon, d'un....

S. AMOUR.

Nes-ce pas vous même qui lui avez conseillé de s'en servir ? vous disiez qu'il étoit si habile homme.

LA MONTAGNE.

Cela est vrai ; mais... quand je lui dis qu'il étoit habile homme, j'êtois bien avec lui ; mais à present qne nous sommes mal ensemble.... oüi c'est un ignorant, un impertinent un....

S. AMOUR.

Que Diable ne le disiez-vous ? Madame est-elle obligée de savoir que l'habileté d'un Chirurgien dépend du bien ou du mal que lui veut son Medecin.

LA MONTAGNE.

Tu n'as qu'à lui dire de ma part que tant qu'elle se servira de cet homme-là, je ne la verrai point.

S. AMOUR. *lui donnant de l'argent.*

Hé tenez tenez, ceci vous apaisera : voilà ce qu'elle vous envoye.

LA MONTAGNE *en prenant l'argent.*

Si je n'avois autant de consideration pour elle que j'en ai.... morbleu je ne voudrois point de son argent, si fort je suis en colere.

S. AMOUR.

Et bien : viendrez vous : oui, ou non.

LA MONTAGNE.

Nous verrons : je suis encor trop emû. Dis-lui qu'elle peut faire ce qu'il lui plaira ; mais que si il la saigne, je la ferai resaigner par un autre.

S. AMOUR.

Oh par là sang bleu, acommodez vous entre vous autres, voila ma commission faite : adieu. *Il sort.*

LA MONTAGNE *seul.*

Que de différents personnages on est obligé de faire, pour maintenir son credit en ce monde, & pour se donner quelque authorité sur les gens qu'on veut tromper. Mais je ne pense pas que Valere attend ma réponce.

SCENE XV.

VALERE, LA MONTAGNE.

VALERE.

JE t'ài aperçû de la fenêtre , & l'impatience de savoir ce que tu as fait., m'ameine à ta rencontre.

LA MONTAGNE.

Bonnes nouvelles : Madame Clabaudin est à la Ville , Julie est avertie de vôtre rétour., & je vais vous conduire dans un endroit où vous pourrez en liberté vous entretenir ensemble.

VALERE.

Quel excez de joye.....

LA MONTAGNE.

Ne vous faites pas attendre : je vois une troupe de mes Malades sortir d'une maison où ils ont dancé toute toute la nuit : il pourroit y avoir quelqu'un de vos amis dans la Compagnie qui vous reconnoîtroit, évitons-les pour ne pas manquer au rendez-vous.

Fin du premier Acte.

I. INTERMEDE.

Une troupe de gens masqués entre en dan-
çant, & l'on chante ce qui suit sur
un Menuet.

UNE FEMME MASQUÉE.

C'Est le printems qui nous rassemble
   Dans ces paisibles Cantons.
Nous y faisons regner ensemble
Les plaisirs de toutes les Saisons.
   C'est le printems, &c.

Les Masques dancent le même Menuet, & la
même Femme continuë.

ICi l'amour nous acompagne,
   Il vient combler nos desirs.
La liberté de la Campagne
   Authorise nos plaisirs.
Ici l'amour, &c.

On dance une Gavotte, sur laquelle on chante les
paroles suivantes.

UN HOMME MASQUÉ.

Pour gouter des douceurs parfaites,
   Ne donnons pas tout à l'amour.
Dans nos plus galantes Fêtes
   Bacus doit regner à son tour.
Pour gouter, &c.

Une femme masquée dance la même Gavotte, &
l'on continue.

UN HOMME MASQUÉ.

C E'est au feu que Bacus fait naître
  Qu'amour allume son flambeau :
Par tout où l'on le voit parêtre
Les plaisirs ont un charme nouveau.
C'est au feu, &c.

Aprés ce couplet les Masques dancent, & se
retirent.

Fin du premier Intermede.

ACTE II.

SCENE PREMIERE.

ANGELIQUE, THOINETE

ANGELIQUE.

IEN Thoinete , promenons nous ensemble , tandis que Julie & Valere sont ocupeés à conter leurs raisons.

TOINETE.

Ils trouveront peut-être à re-dire que nous les quitions.

ANGELIQUE.

Qu'ils le prennent comme il leur plaira : nous ne sommes pas fort éloignées d'eux ; d'ailleurs ils n'ont pas envie que nous nous mêlions dans leur entretien , & je ne saurois être si long-tems sans parler.

THOINETE.

Les Amans ont bien des choses à se dire aprés une longue absence , & dans les premiéres entre-vuës un tiers est toûjours de trop.

ANGELIQUE.

Quand deux amans se sont dit qu'ils s'aiment, & qu'ils sont bien aises de se revoir, je ne comprends pas ce qu'ils ont encor à se dire. Pour moi rien ne me fatigue tant que ces galimathias de tendresse ; c'est toûjours la même chanson, & je m'endormirois bien-tôt si j'étois obligée de les entendre.

THOINETE.

Je vous ai vuë cependant deux ou trois fois tête à tête avec Clitandre ; vous ayiez l'air fort éveillé,& vous ne montriez nulle envie de dormir.

ANGELIQUE.

Tu m'as vuë tête à tête avec Clitandre ? tu pourrois t'être trompée Thoinete.

THOINETE.

Non non, je me suis point trompée,n'en faites point la fine : vous ne me croiez pas alors si prés de vous.

ANGELIQUE.

Il est donc vrai puisque tu le sais. Clitandre m'entretient toûjours de quelque avanture nouvelle qui me divertit, il est réjouissant dans ses contes,& je ne m'ennuïe point avec lui.

THOINETE.

Comment ? vous êtes bien discrette Mademoiselle : si je ne m'en étois aperçuë vous ne m'en auriez rien dit. Depuis quand avez donc fait une si digne conquête ?

ANGELIQUE.

Bon : il y a plus d'un mois que je le vis, chez Belise nôtre voisine qui est sa parente ? ma mere qui ne s'en défie point m'y m'y laisse aller librement, & j'ay continüé de l'y voir tous les jours,jusques à mon depart de Lyon pour venir icy, que Clitandre a suivi de bien prés comme tu l'as vû.

THOINETE.

Madame vôtre Tante croit cependant que ce
n'eft que pour elle qu'il refte ici fi long-tems.

ANGELIQUE.

Il lui fait croire : pour s'introduire chez elle il
a pris le parti de lui dire des douceurs ; elle l'é-
coûte , & la complaifance avec laquelle elle le
reçoit, lui donne occafion de me voir fouvent;mais
nous fommes convenus que je dois prendre pour
mon compte,tout ce qu'il dit de tendre & d'obligeant à ma tante.

THOINETE.

Et fi par mal heur elle découvre vôtre intelli-
gence.

ANGELIQUE.

Hé le moyen : Clitandre ne me parle jamais
en fa prefence , & nous ne prenons nôtre temps
pour nous voir,que lors qu'elle eft occupée.

THOINETE.

Il vous aime donc ?

ANGELIQUE.

Il me le dit au moins.

THOINETE.

Que vous êtes bonne fi vous croyez tout ce
que Clitandre vous dit ! Il fait les mêmes protef-
tations à toutes les Dames qui font d'humeur de
l'écoûter , & je fuis fûre qu'il n'en eft pas une
dans ce Village , à laquelle il n'ay juré plus d'u-
ne fois qu'il n'y reftoit que pour l'amour d'elle.

ANGELIQUE.

Helas , ma pauvre Thoinete , je ne m'en em-
barraffe gueres , & je me fens la fille du monde la
plus capable de payer Clitandre de la même mon-
noïe. Si je l'écoûte quelquefois, c'eft par ce que
je n'ai rien de meilleur à faire , & par ce qu'il
m'a-

m'amuſe! ſouvent il m'ennuye comme un autre,
& ce n'eſt que ſelon la différente ſituation où je
ſuis que je le reçois bien ou mal.

SCENE II.

VALERE, JULIE, ANGELIQUE, LA MONTAGNE, THOINETE.

LA MONTAGNE.

Hé vite dénichons, voici la bonne Maman
qui arrive!

JULIE.

Ah ma Couſine, tu es cauſe que nous ſerons
grondées : ma mere nous avoit deffendû de ſortir
pendant qu'elle ſeroit à la Ville.

THOINETE.

Es-ce qu'elle vous a vûs enſemble ?

VALERE.

Nous l'avons aperçûë de loin , & je ne crois
pas qu'elle ait pû nous voir où nous étions.

THOINETE.

Si ce n'eſt que cela , le mal n'eſt pas grand.
Nous n'avons qu'à rentrer inceſſemment par la
petite porte du Jardin : j'en ay ſur moi la clef par
bon-heur, & nous ſerons au logis les pré-
mieres.

VALERE.

Souvenez-vous,au moins , belle Julie , que
vous m'avez permis de tout entreprendre pour
vous obtenir de Madame vôtre Mere.

JULIE.

Oüi Valere, je vous avoüerai de tout ; & ſi je

E

ne puis vous répondre des sentimens de ma Mere, à coup seur, vous pouvez compter mon cœur.

THOINETE.

Allons, c'est assez jazer pour cette fois, ren-
trons. *à Valere* Vous aurez bien-tôt de nos nouvelles.

SCENE III.

VALERE, LA MONTAGNE,

VALERE.

QUe le retour imprevû de Madame Clabaudin m'ôte de plaisirs ! & que mal à propos
elle vient troubler un entretien si doux. Julie ne
me parut jamais si belle , & le ravissement où je
suis de la retrouver sensible à mon ardeur , me
récompense bien des peines que m'a causé
l'absence.

LA MONTAGNE.

Vous ferez toutes ces belles reflexions dans
vôtre apartement : il ne faut point que vous pa-
roissiez , & tout seroit perdû si l'on avoit le
moindre vent de ce qui se passe. Je vais faire
une visite à Madame Clabaudin , pour savoir
en quelle disposition elle est. Je reviendrai vous
voir tout à l'heure , & je pourrai vous donner
quelques lumieres qui ne vous seront pas inutiles. Rentrez s'il vous plait jusques à nouvel
ordre. *Valere s'en va.*

SCENE IV.

LA MONTAGNE, POITEVIN.

POITEVIN *Yvre.*

Hé mon ami. Y a t'il loin d'ici au Village?

LA MONTAGNE.

T'y voila.

POITEVIN.

Etes-vous d'ici mon ami ?

LA MONTAGNE.

Oüi. Pourquoi ?

POITEVIN.

Du Village même?

LA MONTAGNE.

Hé oüi du Village ou non que t'importe ?

POITEVIN.

Ne pourriez-vous point m'expliquer la... la Geographie de ce Païs, & m'enseigner ce que je cherche ?

LA MONTAGNE.

Et bien que cherches-tu ?

POITEVIN.

Parbleu vous êtes bien curieux ! ce que je cherche?

LA MONTAGNE.

Va te promener yvrogne : tu ne veux pas me dire ce que tu cherches, & tu veux que je t'en donne des nouvelles?

POITEVIN.

Il a raison : puisque cela est, Monsieur, sachez que je cherche un certain ... ma foi je ne m'en souviens plus.

LA MONTAGNE.

Va te coucher, mon ami, je n'ai pas le loifir de t'écoûter plus long-tems.

POITEVIN.

Attendez attendez m'y voila .... il y a de la fleur dedans ... c'est un certain la fleur .. les fleurs ... oüi à peu prés.

LA MONTAGNE.

Je ne connois point de la Fleur.

POITEVIN.

Il faut pourtant bien qu'il y en ait un : je ne viens pas comme un fot ... ah m'y voilà : c'est un medecin de fleurs.

LA MONTAGNE.

Bête : tu veux dire fans doute le medecin qui vend l'eau de mille Fleurs

POITEVIN.

Hé oüi mille Fleurs, vous y êtes de par tous les Diables, on a bien de la peine à vous faire comprendre les chofes : Je favois bien ce que je difois.

LA MONTAGNE.

Et bien c'est moi qui vends l'eau de mille Fleurs. Que veux tu ? parle.

POITEVIN.

C'est donc vous Monfieur... dites un peu vôtre nom, pour voir.

LA MONTAGNE

Oh tant de raifons m'ennuyent : je m'apelle la Montagne.

POITEVIN.

La Montagne, juftement : c'est vous que je cherche. Je voulois voir fi vous accuferiez jufte.

LA MONTAGNE.

Dépêche de me dire ce que tu veux, & qui tu es.

POITEVIN.

ES-ce que vous ne me connoiſſez pas ? vous ne connoiſſez pas Monſieur Poitevin, premier Valet de Pied de Monſieur l'Abbé Tourrond ? je ſuis déjà venû ici il y a plus d'un mois : voyez ſi j'ay bonne momoire.

LA MONTAGNE.

Je te remets à preſent, & je me ſouviens que tu étois auſſi yvre que tu lés aujourd'hui : je crois que tu n'as pas des-yvré depuis.

POITEVIN.

Vous me voyez toûjours le même à vôtre ſervice : ma foi je commence bien à me dégouter du vin cependant,

LA MONTAGNE.

Que fait Monſieur l'Abbé ? comment ſe porte-t'il ?

POITEVIN.

Ce qu'il fait ? ma foi je n'en ſai rien : il eſt dans ſa maiſon de campagne, avec deux parentes de ſes amies, qui ne ſont ſes parentes que . . . . . . ma foi je ne ſai qui elles ſont, je ne les ai jamais tant vûes.

LA MONTAGNE.

Ce n'eſt pas ce que je te demande. Je veux ſavoir comment il ſe porte, & pour qu'elle raiſon il envoye querir de l'eau de mille Fleurs.

POITEVIN.

Il mange bien, il boit de même, il dort tout le jour ; à moins qu'il ne ſoit malade du gras-fondû, je ne lui connois point d'autre maladie. Cette Lettre s'adreſſe à vous, tenez : aparemment vous ſavez lire.

il lui donne une lettre & de l'argent.

LA MONTAGNE *aprés avoir lû.*

T'on maître me marque qu'il m'envoye un

E iij

Loüis d'or : où es-ce qu'il est ? ne voila que deux écus.

POITEVIN.

En voila la monoye, à quelque chose prés.

LA MONTAGNE.

C'est-à-dire que tu as changé le Loüis d'or, que tu en as bû la moitié, & que voila le reste.

POITEVIN.

Je mets le surplus sûr mon compte, faites lui en crédit, je vous répons pour lui.

LA MONTAGNE.

Fort bien.

POITEVIN.

Depechez-moi je vous prie, il faut que je m'en retourne : mon Cheval a eu la mal-honnêteté de me laisser à moitié chemin ; je suis pourtant bien fatigué comme vous voyez.

LA MONTAGNE.

Va t'en dormir va, & quand tu seras de sens froid tu viendras faire ta commission.

POITEVIN.

Oh, st, st. Mon argent s'il vous plait.

LA MONTAGNE.

Ne veux-tu pas achever de le boire ? va dormir te dis-je.

POITEVIN.

Adieu Monsieur de la Montagne jusqu'à tantôt : prenez garde au moins de perdre mon argent.

LA MONTAGNE.

Oüi, oüi : n'en sois pas en peine. *Poitevin sort.*
Que me veulent encor ces Dames ? Il semble qu'aujourd'hui que je veux rendre service à Valere, tout le monde est d'accord pour venir me détourner.

SCENE V.

CIDALISE, LUCILE, LA MONTAGNE.

LUCILE.

AH! Monſieur la Montagne vous voila : nous allions chez vous.

LA MONTAGNE.

C'eſt bon ſigne, quand les malades viennen voir le Medecin.

CIDALISE.

Vos malades ſe portent bien comme vous voïez, & vous faites des cures admirables.

LA MONTAGNE.

Je ſuis ravi, mes Dames, de vous voir en parfaite ſanté : vous pourrez prendre le parti de mon remede contre de certains envieux qui ſe melent de le décrier.

LUCILE.

Ce ſont de bons impertinens : je voudrois bien que quelqu'un s'aviſa d'en dire du mal en ma preſence, vous verriez comme je lui rabatrois ſon caquet.

LA MONTAGNE.

Je vous ſuis obligé Madame.

CIDALISE.

Que vous avez eu d'eſprit, Monſieur la Montagne, d'inventer l'Eau de mille Fleurs : que je vous en ſai bon gré!

LA MONTAGNE.

Vous n'avez donc plus de vapeurs Madame? Je vous en ai vû bien tourmentée.

LUCILE.

Bon, des vapeurs! je me moquois.

LA MONTAGNE.

Et vôtre colique, Madame ?

CIDALISE.

C'étoit une colique politique, qui m'a rendu de bons services dans les occasions.

LA MONTAGNE.

C'est à dire, mes Dames, que vous êtes venues vous divertir ici, sous pretexte de prendre l'Eau de mille Fleurs.

LUCILE.

Vous l'avez dit ; & j'y ai si bien pris gout, que j'y resterois eternellement si j'étois ma maitresse: mon Dieu! que j'aurai de peine de me racoutumer à l'air de la ville.

CIDALISE.

Pour moi je n'y retournerai point tant qu'il y aura companie ici : L'on en dira tout ce qu'on voudra.

LUCILE.

L'air de ce païs nous est bon Madame, & pour peu que nous y restions une douzaine que nous sommes, nous engraisserons à tel point qu'on ne nous reconnoitra plus.

CIDALISE.

Pour moi, je ne sai pas comment je puis m'y porter aussi bien que je fais : je ne dors point, & je n'ai point d'apétit : donnez moi quelque remede pour celà Monsieur la Montagne. Je prens du Thé, du Chocolat, & du Café dix ou douze fois par jour, & tout cela ne me fait rien.

LA MONTAGNE.

Je n'en suis pas surpris, Madame, à la vie que vous menez. L'on ne sauroit dormir quand on passe les nuits à joüer, à dancer, ou à se promener, & rien n'ôte tant l'apétit que les grands repas, & les frequentes collations que vous faites.

CIDALISE.

Mais peut on s'en déffendre ? il faut bien faire comme les autres quand on est en companie , & j'aimerois autant rester à la Ville, si je ne me dérangeois quelques fois.

LA MONTAGNE.

A ce que je puis connêtre mes Dames , la maladie du païs ne vous tourmente pas beaucoup.

CIDALISE.

Non sans doute;& c'est pour cette raison que nous venons vous demander une grace,que vous ne sauriez nous refuser.

LUCILE.

Monsieur la Montagne,vous ne sauriez vous en déffendre.

LA MONTAGNE.

En tout ce qui dependra de moi. . . . .

CIDALISE.

Oüi:la chose dépend uniquement de vous , & vous pouvez nous faire plaisir sans qu'il vous en coûte rien.

LA MONTAGNE.

Madame ce n'est pas l'interêt. . . . mais quand je saurai ce que vous souhaitez.

CIDALISE.

Je vais vous le dire : quelques raisons particulieres nous ont engagées à venir passer ici le printems. Comme nous ne savions quel pretexte prendre pour faire consentir nos maris à ce voïage , nous confiames nôtre secret à un Medecin de nos amis,qui eut la complaisance de nous ordonner l'Eau de mille Fleurs comme un remede necessaire aux incommodités dont nous affections de nous plaindre.

LUCILE.

Auriez vous crû, qu'il y eut un Medecin affez complaifant pour donner de femblables attefta-tions.

LA MONTAGNE.

Pourquoi non Madme ? en faveur du beau Se-xe on paffe par deffus bien des chofes , & d'ail-leurs ce n'eft pas un grand mal.

CIDALISE.

J'en connois pourtant qui font tout à fait infu-portables , qui ne veulent rien ordonner pour les maladies fupofées , & qui veulent abfolument gouverner les veritables malades à leur fantai-fie. Lors qu'ils ont ordonné quelque remede, l'on ne fauroit les en faire dédire ; mais le Mede-cin dont je vous parle , c'eft la complaifance mê-me. Quelque indifpofition que j'aye , je ne prens jamais que les remedes que je veux : Si il m'en ordonne quelqu'un qui ne foit pas de mon goût, & que je lui en faffe entrevoir quelqu'un que j'ai-merois mieux prendre , il l'aprouve incontinent, & change d'avis. Il eft vrai qu'avec un Medecin de cette façon l'on traîne un peu plus long tems ; mais on a du moins l'agrément d'être ma-lade à fa fantaifie.

LA MONTAGNE.

J'entre fort dans ce fentiment Madame.

CIDALISE.

Il faut donc s'il vous plaît, que vous nous don-niez une atteftation, par laquelle vous direz, qu'il eft abfolument neceffaire que nous prenions encor l'Eau de mille Fleurs pendant quelque temps , & que nous y revenions encor l'Auton-ne prochaine.

LUCILE.

Vous voyez Monfieur qu'il y va de vôtre inte-

têt : nous vous ameinerons bon nombre de nos
amies qui voudront avoir de vos atteſtations.
Vous verrez , ce ſont de bonnes pratiques.

LA MONTAGNE.

Il n'eſt rien qu'on ne faſſe pour de belles Dames. Oui vous aurez une bonne atteſtation contre laquelle il n'y aura rien à dire ; mais une petite affaire m'apelle ailleurs. Envoyez la querir
tantôt, & je la donnerai.

CIDALISE.

Marquez bien qu'il faut que nous revenions
en Automne.

LA MONTAGNE.

Je me ſouviendrai de tout ce qu'il faut.

CIDALISE

Et afin que vous vous en ſouveniez mieux , tenez. *Elle lui offre de l'argent.*

LA MONTAGNE.

Ah Madame.

CIDALISE.

Tenez tenez, vous avez beaucoup d'affaires, &
voici pour rapeller vôtre mémoire.

LA MONTAGNE.

Vous vous moquez Madame. *Elles ſortent.*

Seul. Par ma foi ſi toute leur cotterie païe auſſi
bien , les affaires n'iront pas mal. Vive les Bour-
geoiſes de Lyon : il n'eſt pas au monde de femmes plus deſintereſſées. Rien ne leur coute quand
elles ont envie de quelque choſe , & c'eſt grand
dommage que la plus-part des Maris ne ſouffrent
pas qu'elles ſoient maitreſſes : l'argent rouleroit
bien autrement dans le commerce qu'il ne fait.

SCENE VI.

LA MONTAGNE, LUCAS.

LUCAS.

OH tatigué Monſieu, on vian de faire de belles affaires.

LA MONTAGNE.

Qu'y a t'il donc?

LUCAS.

Vous ſavez bian quand vous êtes ſorti ce matin, que vous avez laiſſé une bouteille où il y avoit tout plein de l'Eau de mille Fleurs, à ce que vous diſiais, & une autre ou il avoit tout plein d'une certaine drogue que je ne connois pas, & que vous m'avez dit comme ça, tian Lucas, quan viandra querir ça de cheu le grand Blaiſe, & tu diras à ſti là qui le viendra querir, que ce qu'il y a dans cette bouteille, c'eſt pour faire boire à Blaiſe, & ce qu'il y a dans ſtella, c'eſt pour faire avaler à ſon Cheval qui eſt malade.

LA MONTAGNE.

Et bien?

LUCAS.

Et bian tanquia qu'il avon fait un joli qui proquo. Stila qui portoit les bouteilles a ôté l'écritiau qu'ous aviais boutté deſſus, & comme il n'a pas eu ſouvenance de ce que je lui avois dit, il avon pris l'un pour l'autre. Il avon fait boire à Blaiſe la drogue qui étoit pour ſon Cheval, & il avon fait boire au Cheval, l'Eau de mille Fleurs qui étoit pour Blaiſe.

LA MONTAGNE.

Et qu'en est-il arrivé ?

LUCAS.

Oh morgué il en est arrivé, que le Cheval, aussi-tôt qu'il a eu avalé liau de mille Fleurs, a commencé à se debatre comme si il avoit eu le Diable dans le corps, & puis il est tombé les quatre fers en l'air.

LA MONTAGNE.

Ce n'est rien : cela le purgera.

LUCAS.

Oh palssangué, ça l'a si bian purgé qu'il en est crevê : on la jeté dans la Riviere.

LA MONTAGNE.

Comment Diable! Voilà qui me surprend : cat en Allemagne, & aux Indes on ne se purge qu'avec l'eau de mille Fleurs ; on n'entend pas dire cependant que les gens en meurent.

LUCAS.

Oh tatigué, nos Chevaux sont donc plus délicats que les gens de ce Païs-là. Tenez, je gage que je devine d'où vian qu'il est crevé.

LA MONTAGNE.

Et d'où vient?

LUCAS.

C'est qu'ils n'avont pas eu l'esprit de le faire promener à l'air, & de lui donner un boüillon aprés qu'il a eu pris son remede.

LA MONTAGNE.

Et Blaise que fait'il ?

LUCAS.

Blaise ? il se porte le mieux du monde, & y dit comme ça, que cette drogue l'y a moins tourmenté le corps que l'iau de mille Fleurs que vous l'y fites prendre hier. Il est plus fâché de la mort de son cheval que de tout le reste.

F

LA MONTAGNE.

Il ne laiſſera pas de me payer : pourquois'eſt-on
mépris ? ce n'eſt pas ma faute.

LUCAS.

Jarni, ce n'eſt pas la faute du Cheval non plus :
car la pauvre bête y le l'y avon fait avaler par
force ; & il ſemble qu'il avoit queuque ſentiment
de ce qui devoit l'y arriver. J'ai opinion Monſieur
que ſi les chevaux avion de la raiſon, ils ſe gau-
ſſerion bien tretou de vôtre remede.

LA MONTAGNE.

Animal : d'où vient qu'ils s'en moqueroient ?

LUCAS.

Oüi palſſangué, je gage que ſi les Chevaux avion
de la connoiſſance , & qu'ils ſuſſion qu'un de
leurs camarades eſt crevé pour avoir bû de l'Iau
de mille Fleurs , ils ſe garderion bien d'en prendre eux mêmes ; & les parſſonnes avec leur biau
jugement ſont cent fois plus pires qu'eux. Y vo-
yon tous les jours qu'il y a quelqu'un qui s'en
plaignon , & ſtanpandant y ly couron tretou
comme au feu.

LA MONTAGNE.

Taiſez vous Monſieur le Docteur : c'eſt bien
à toi de raiſonner là-deſſus. Reſte au logis,
& ne t'embarraſſe pas d'autre choſe , ce ſont mes
affaires.

SCENE VII.

VALERE, LA MONTAGNE.

VALERE.

MOn cher la Montagne tout va le mieux du monde : nôtre troupe vient d'arriver, & tous mes amis font en difpofition de bien faire leur devoir.

LA MONTAGNE.

Je n'ai pû encor être libre depuis que je vous ay quitté ; mais je vais inceſſemment chez Madame Clabaudin : pourvû que vous vous fouveniez de vôtre rôle , je vous répons de tout.

VALERE.

Ne t'embarraſſe de rien : nos habits font tous prets , & j'ay-là deux ou trois de mes amis, en-tre-autres , qui font les gens du monde les plus adroits pour ces fortes de Scenes.

SCENE VIII.

VALERE, LA MONTAGNE, THOINETE.

THOINETE.

HÉ vous autres que faites-vous ? ne paroiſſez-pas ici.

LA MONTAGNE.

Je vais chez Madame Clabaudin.

Il n'eſt pas neceſſaire que vous y alliez, la voila qui vient. Elle a pris Mademoiſelle Julie en particulier pour lui parler, & je me ſuis hâtée de venir de peur qu'elle ne vous ſurprît. Je croi qu'il y a quelque choſe de nouveau ſur le tapis : j'ai oüi deux ou trois mots en paſſant, de Monſieur Chaboüiller de Mariage, & d'obeïſſance : tout cela me donne quelque ſoupçon. J'ai ordre de plus de chercher Clitandre, Madame veut lui parler.

VALERE.

Clitandre eſt des nôtres : Je l'ai vû paſſer par hazard, & je l'ai arrêté. Comme je ſai qu'il a quelque pouvoir ſur l'eſprit de Madame Clabaudin, je l'ai mis dans nôtre ſecret. Il m'a quelques petites obligations, & je le compte dans mes interêts. Je vais lui donner la commiſſion de l'amuſer ici juſqu'à ce que nous ſoyons prêts. *Il ſort.*

THOINETE.

Renttez auſſi pour me laiſſer le tems de l'entretenir un moment. Je vous inſtruiray de tout, avant qu'elle vous parle. *La Montagne ſort.*

SCENE IX.

MADAME CLABAUDIN, JULIE, ANGELIQUE, THOINETE.

Me. CLABAUDIN, *à Julie.*

IL ne s'agit pas ici de faire la ſote : je veux que cela ſoit comme je vous le dis. M'entendez-vous ? ma fille, m'entendez-vous ?

ANGELIQUE.

Il faudroit qu'elle fût bien ſourde pour ne pas vous entendre.

Me. CLABAUDIN.

Taifez-vous jafeufe : il faut toûjours que vous
parliez comme une étourdie.

ANGELIQUE.

Il y a demi heure que vous entretenez ma Coufine du mérite de Monfieur Chaboüillet ; vous
voyez bien qu'elle n'a pas la hardieffe de vous en
dire fon fentiment ; mais je vous répons pour elle,
qu'elle ne fauroit confentir à l'époufer , elle me
l'a dit. N'eft-ce pas ma Coufine ?

Me. CLABAUDIN.

Vous avez toûjours quelque impertinence à
dire ma Niéce : mais je vous prie , quand vous
voudrez parler.... ne dites mot. Hem... je voudrois
bien voir qu'elle fit la moindre réfiftence.

ANGELIQUE, *bas à Julie.*

Croi-moi , n'en fais rien m'a Coufine.

Me. CLABAUDIN.

Il n'y a qu'un mot qui ferve : Monfieur Chaboüillet reviendra bien tôt. Je l'ai laiffé à Lyon
pour regler quelques affaires , & pour préparer
toutes chofes ; à fon retour recevez le d'une maniere à lui perfuader que vous mourez d'envie
d'être fa femme : finon... vous verrez.

JULIE.

C'eft bien affez pour moi , ce me femble , de
voir fans murmurer les aprêts d'un himen pour lequel j'ay tant de répugnance : pourquoi vouloir
encor me forcer à trahir mes fentimens, jufques à
témoigner de l'amour pour un homme que je ne
puis fouffrir.

Me. CLABAUDIN.

Que vous l'aimiez ou non, c'eft de quoi je ne
m'informe pas. J'ai mes raifons pour en agir de
la forte , & vous pouvez faire vôtre compte de
n'avoir jamais d'autre époux que lui. Prenez

vos mesures la-dessus. Allez toutes deux voir si
Monsieur la Montagne est chez-lui : si il y est
vous lui direz que je le prie de m'attendre , &
vous m'y attendrez aussi. Demeure Thoinete j'ai
quelque chose à te dire.

SCENE X.

MADAME CLABAUDIN,
THOINETE.

Me. CLABAUDIN.

JE suis bien aise avant que de te parler , de me
debarrasser de ces deux petites coquines:elles
épient tout ce qu'on dit.

THOINETE.

C'est donc tout de bon , Madame , que vous
n'êtes plus dans le dessein d'épouser Monsieur
Chabouillet.

Me. CLABAUDIN.

En verité , Thoinete , trouvois tu que je fisse
une fort bonne affaire ?

THOINETE.

Pourquoi non ? Madame. Mr. Chabouillet est
riche , vous êtes à peu prés de même âge , tous
les deux , & je croi....

Me. CLABAUDIN.

Que di-tu ? de même âge : Monsieur Chabouillet a tout au moins soixante ans.

THOINETE.

Hé , Madame, je croi que vous ne vous en
éloignez gueres : il me semble de vous avoir entendu dire que vous en aviez cinquante cinq, ou
cinquante six, & il y a bien un an.

Me. CLABAUDIN.

Bon: il y a un an que je n'avois pas encor pris l'eau de mille Fleurs : c'est toute autre chose à présent. Juge si il y a de la différence, puis que en me regardant ces jours passés dans mon miroir, je doutai long-tems que ce fût moi même. Et si je n'avois été bien sûre de l'âge que j'ai, j'aurois juré que je n'avois pas vingt ans.

THOINETE.

Vous auriez perdu, Madame, assurement.

Me. CLABAUDIN.

Tu ne croiras peut-être pas ce que je te vais dire Thoinete ; mais rien n'est plus certain. J'ay senti tous ces jours un grand mal de tête : je suis sûre que ce sont mes cheveux qui me reviennent.

THOINETE.

Voila qui est surprenant Madame!

Me. CLABAUDIN.

Je sens aussi de tems en tems quelques douleurs à la machoire : oh pour cela, je gage que ce sont mes dents qui me reviennent aussi.

THOINETE.

Ce seroit une chose plaisante, si les dents vous perçoient a cinquante sept ans.

Me. CLABAUDIN.

Ne croi point que je raille, Thoinete : l'eau de mille Fleurs a produit chez-moi des effets admirables. Je ne suis plus la même, je le sens bien, & tu peux t'imaginer, que ce reméde en me rendant ma prémiere vigueur, n'a pas manqué de m'inspirer une furieuse aversion pour un viellard aussi dégoutant que Monsieur Chaboüillet.

THOINETE.

Mais Madame si vous le trouvez si dégoutant, Julie, à son âge, doit-elle le trouver plus aimable : jugez par vous-même du cruel suplice où

E iiij

vous l'expofez.

Me. CLABAUDIN.

Bon: es-ce qu'une petite fille comme elle doit favoir faire la différence d'un vieillard d'avec un jeune homme ?

THOINETE.

Non fans doute : il faut attendre qu'elle aye quatre vingts-ans pour favoir faire cette différence. Hé Madame ne vous reprochez-vous point la cruauté, de lui donner un Mari qui lui convient fi peu.

Me. CLABAUDIN.

Je fuis d'avis ma foi, de lui donner quelque jeune godelureau qui diffipera fon bien dans moins de deux ans, & qui remplira ma maifon d'une troupe de marmots qui m'apelleront leur grand maman.

THOINETE.

Cela feroit hien fâcheux !

Me. CLABAUDIN.

Fi fi, ce nom là me déplairoit fort, & cette feule idée me choque plus que tout le refte : Mr. Chabouillet n'eft pas en âge d'avoir des enfans, & ma fille fera heureufe comme une reine avec lui.

THOINETE.

Oüi c'eft un bel oifeau ! pour rendre heureufe une jeune femme.

Me. CLABAUDIN.

Mais Thoinete : tu ne me parles que de ma fille, & tu ne me rends aucune raifon de ce que je t'ai dit en fortant du logis : as-tu cherché Clitandre ?

THOINETE.

Oüi Madame : & l'on doit l'envoyer ici tout à l'heure.

Me. CLABAUDIN.

J'ai quelque chose de conséquence à lui dire, Thoinete.

THOINETE.

Je le croi, Madame.

Me. CLABAUDIN.

Quelque chose qui le regarde en particulier.

THOINETE.

Je ne m'en informe pas.

Me. CLABAUDIN.

Ne trouves tu pas comme moi, qu'il est fort joli homme, qu'il est bien fait, qu'il a beaucoup d'esprit?

THOINETE.

Je n'y ai pas fait grande attention.

Me. CLABAUDIN.

Je ne m'étonne pas si toutes les femmes qui le voient sont folles de lui.

THOINETE.

Il se l'imagine au moins.

Me. CLABAUDIN.

C'est grand dommage qu'il soit si libertin.

THOINETE.

Tout a fait.

Me. CLABAUDIN.

Et tu conviendras avec moi, que ce seroit une action bien loüable, que de pouvoir l'engager à prendre un parti solide.

THOINETE.

Ah! ce seroit une belle entreprise.

Me. CLABAUDIN.

Mon Dieu que fait on? je suis sûre que je viendrois à bout de le ranger.

THOINETE,

Vous Madame?

Me. CLABAUDIN.

Oui moi : est-ce que la chose te paroit im-
possible ?

THOINETE.

Vous Madame ? vous fixeriez Clitandre : &
comment vous y prendriez vous ?

Me. CLABAUDIN.

J'ay du bien considerablement, je ne dépens de
personne, & l'on est bien malheureux, si l'on ne
peut pas se contenter une fois dans la vie. Peut
être qu'en l'épousant.....

THOINETE.

En l'épousant ! Parlez vous sérieusement Madame ?

Me. CLABAUDIN.

Tres sérieusement.

THOINETE.

Vous Madame ! vous épouseriez Clitandre?
Bon: vous riez.

Me. CLABAUDIN.

Je ne ris point : & si tu veux que je te parle
naturellement, voila l'unique raison qui m'a fait
retirer la parole que j'avois donnée à Monsieur
Chaboüillet. Il m'a témoigné qu'il avoit de l'inclination pour ma fille, & je n'ay pû m'en dé-
barraffer qu'en la lui donnant au lieu de moi:
ne trouves tu pas que j'ay bien fait ?

THOINETE.

Oh! l'on ne peut mieux Madame. Vous avez
raison de dire que vous êtes rajeunie ; je m'aperçoi que vous revenez dans l'enfance.

Me. CLABAUDIN.

Je te trouve bien impertinente de me parler
ainsi : est ce que je serai la premiere qui aura
donné dans un semblable mariage ?

THOINETE.

En tout cas, Madame, vous aurez la consolation de n'être pas la premiere qui aura fait une
folie, & l'exemple..... *Apercevant Clitandre.*
Mais voila Monſieur Clitandre, il vous conſeille-
ra mieux que moi ; vous n'avez qu'à le lui propoſer.

Me. CLABAUDIN.

Ah Thoinete je n'en aurai jamais la force, &
ma pudeur.... non je voudrois que cela vint de
lui.

THOINETE.

Bon : vous n'avez qu'à lui faire connêtre que
vous ayez envie qu'il vous en parle, il vous en
dira plus que vous n'en voudrez. Je vous laiſſe
avec lui pour aller rejoindre ces Demoiſelles.
Bas à Clitandre. Arrêtez la juſqu'à ce que je revienne.

SCENE XI.

Me. CLABAUDIN, CLITANDRE,

Me. CLABAUDIN.

ET bien, petit libertin, où allez vous ? & d'où
vient qu'on ne vous a pas vû depuis trois
jours ?

CLITANDRE.

Bon jour donc ma petite maman. Que Diable
venez vous faire ici ? vous n'êtes donc plus malade : j'en ſuis parbleu ravi : vive l'Eau de mille
Fleurs morbleu, vive l'Eau de mille Fleurs : parlez moi d'un remede qui rétabliſſe les gens comme celui la. Comment diable vous voila fraiche

comme une rofe. Ah petite charmante. *Il la ca-*
reffe.

Me. CLABAUDIN.

Allons donc, petit fripon, je n'aime point vos
folies : je veux qu'on foit fage auprez de moi,
& ces petites maniéres ne conviennent qu'à des
grifettes.

CLITANDRE.

Il eft bon là par ma foi! des grifettes : à moi
des grifettes. Eft ce que vous me prenez pour un
homme à grifettes, & fuis je fait d'un air. . . .

Me. CLABAUDIN.

Mon Dieu vous prenez les chofes tout de travers : je vous dis que vous pourriez avoir des maniéres un peu plus refpectueufes, avec les perfonnes qui ont de l'eftime pour vous.

CLITANDRE.

Comment Madame : du refpect ? je crève de
refpect pour vous ; oüi fur mon honneur, en
confideration des bontez que vous avez pour
moi, je vous regarde comme ma mere.

Me. CLABAUDIN.

Que vous êtes peu obligeant : eft ce qu'à me
voir on jugeroit que je puis avoir un Fils grand
comme vous ? je vous parois donc bien décré-
pite ?

CLITANDRE.

Ah ah, ne vous fachez pas : ou je meure, vous
n'avez l'air tout au plus que d'une fille de quinze ans.

Me. CLABAUDIN.

Là là : vous faites le petit railleur ; mais fachez que bien d'autres m'ont déja fait le même
compliment.

CLITANDRE.

Moi vous railler Madame. Je me donne au
Diable

diable, fi je connois de fille fi piquante que vous:
auffi je vous aime.... J'étouffe d'amour pour
vous. Je croi ma foi qu'il faudra bien tôt que
j'en coure les ruës.

Me. CLABAUDIN.

Hé fi vous êtiez véritablement dans ces fentimens... je ne m'explique pas... Mais on pourroit avoir de quoi fupléer aux charmes que l'âge
pourroit m'avoir ravis : quoi que grace à l'Eau
de mille Feurs, je crois n'en être pas tout à fait
dépourvuë.

CLITANDRE.

Non : tenez ma bonne maman, tout l'or du
monde... Ah je vous jure qu'on ne fauroit vous
aimer plus conftemment que je vous aime. *Il
chante.* Je veux, être toute ma vie vôtre amoureux. Je veux....

Me. CLABAUDIN.

Allez vous êtes un petit badin, vous ne dites
pas les chofes comme vous les penfez.

CLITANDRE.

Si fait, ou la pefte m'étouffe. Ah ! mon petit
bijou.... à propos qu'avez vous fait de Julie, &
de la petite Niéce ? ma foi je les aime à la fureur toutes deux.

M. CLABAUDIN.

Voila comment l'on peut compter fur ce que
vous dites.

CLITANDRE.

Bon. Je vous confeille encor d'être jaloufe : je
veux que... non je ne les aime que par raport à
vous ah.... ah petite mignonne. *Il veut la ca-
reffer.*

Me. CLABAUDIN *en fe deffendant.*

Fi donc, fi donc petit poliffon : vous ne faites
que badiner.   G

CLITANDRE.

Non fur mon honneur : tout ce que je fais là,
c'eft de mon plus grand ferieux.

SCENE XII.

Me. CLABAUDIN, CLITANDRE, THOINETE.

THOINETE.

AH Madame ! que de belles chofes ! que de
belles chofes !

CLITANDRE.

Où eft ce ? eft ce ?

Me. CLABAUDIN.

Que veut tu dire Thoinete ?

THOINETE.

Je n'ay jamais rien vû de femblable, Madame.
C'eft un Etranger qui vient d'arriver : il a une
troupe de gens avec lui qui ne font pas faits
comme les autres : ils dançent, ils font mille
fingeries, & mille tours de foupleffe dont vous
ferez charmée. Ils difent qu'ils viennent de je ne
fai où.... des Antipodes je croi : enfin l'on ne
peut rien voir de plus beau.

CLITANDRE.

Madame il faut les voir.

Me. CLABAUDIN.

Vous brullez déjà de me quiter n'eft ce pas ?
ce font des Etrangers qui viennent aparemment
pour prendre l'Eau de mille Fleurs ; ils refteront
ici quelque temps, & nous pourrons les voir à
loifir.

THOINETE.

Madame, ils difent qu'ils ne font que paſſer.

Me. CLABAUDIN.

Va va, Thoinete ; je ne me ſoucie pas de les voir. *A Clitandre.* Je ſuis ſortie exprez de chez moi pour vous venir chercher, & pour vous parler d'une affaire qui vous touche ; mais vous êtes un petit turbulent, de qui l'on ne ſauroit tirer une bonne raiſon.

CLITANDRE.

Ah Madame, vous me le direz une autrefois : allons voir ce que c'eſt.

Me. CLABAUDIN.

Voyez ce petit volontaire ! il faut faire tout ce que vous voulez. Donnez moi donc la main au moins.

SCENE XIII.

Me. CLABAUDIN, JULIE, ANGEIQUE, CLITANDRE, LA MONTAGNE, THOINETE.

On découvre un grand Cabinet peint à la manière de la Chine. Julie Angelique & la Montagne paroiſſent à côté de ce Cabinet.

THOINETE.

AH ! Madame les voila qui viennent ici d'eux mêmes.

Me. CLABAUDIN.

D'où vient donc cette Machine ?

THOINETE.

C'eſt la Voiture dans laquelle ces gens-là ſont

arrivez. Elle marche toute feule, & fans qu'on s'en apercoive ils fe trouvent par tout où ils veulent aller ?

Me. CLABAUDIN.

Ah ah ! ma Fille & ma Niece y font auffi ? ne vous avois je pas donné ordre de m'atendre ?

JULIE.

Nous avons crû, ma Mere, que vous feriez bien aife de voir ces Meffieurs, & pour vous epargner la peine de venir , ils ont la complaifance de tranfporter ici leur machine.

LA MONTAGNE.

Madame , ces Meffieurs font de fort honnêtes gens : ils ont prié de fi bonne grace fes Demoifelles à dancer avec eux , qu'elles n'ont pû s'en deffendre.

Me. CLABAUDIN.

Voila qui me paroit affez joli.

Fin du fecond Acte.

II. INTERMEDE.

LE Cabinet s'ouvre de lui même. Il en sort des Indiens qui forment une entrée aprez laquelle d'autres Indiens ameinent des petites Pagodes jusques sur le devant du Theatre. Les Indiens recommencent une autre entrée : Ensuite l'on ameine une grande Pagode qui chante. Les Indiens dancent, & se retirent dans leur Cabinet avec les Pagodes. Le Cabinet se referme & disparoit.

Fin du second Intermede.

ACTE III.

SCENE PREMIERE.

MADAME CLABAUDIN, LA MONTAGNE.

Me. CLABAUDIN.

QUOI. Monsieur la Montagne: vous me dites que cet Etranger qui vient d'arriver. . . .

LA MONTAGNE.

Oüi Madame : c'est ce même Gentil-homme Espagnol dont vous avez oüi parler, qui nous aporta des Indes, le secret de l'Eau de mille Fleurs il y a cent ans, & les gens que vous venez de voir dancer sont des Indiens qui le servent.

Me. CLABEAUDIN.

Il faut que cet homme là soit bien vieux !

LA MONTAGNE.

Non Madame : à le voir vous ne lui donneriez pas vingt ans : il se rajeunit avec l'Eau de mille Fleurs.

Me. CLABAUDIN.

Il eſt vrai que j'en ai fait l'épreüve moi même:
je n'y penſois pas.

LA MONTAGNE.

Il a ſçû qu'on faiſoit beaucoup d'état de la
mienne , & pour me remercier de la peine que
je prens à la débiter , il a bien voulu m'honorer
d'une viſite : je l'ay engagé de prendre un apartement chez moi pour quelques jours , & j'ay eu le
plaiſir de m'entretenir avec lui pendant une demi-
heure , ah Madame ! le grand homme : l'habile
homme ! il a des ſecrets ; mais des ſecrets. . .non
cela n'eſt pas croyable. Tenez Madame le moindre
de tous c'eſt celui de l'Eau de mille Fleurs.

Me. CLABAUDIN.

Eſt il poſſible !

LA MONTAGNE.

Il m'en a dit pluſieurs ; mais ce qui m'a ſurpris
davantage, c'eſt qu'aprez avoir fait revenir, avec
l'Eau de mille Feurs, une femme de quatre vingt
ans , ou environ, à celui de quinze ou ſeize , il la
conſerve en cet état, auſſi fraiche , auſſi belle &
auſſi aimable , que ſi elle n'avoit en effet que
quinze ans : par le moien d'une compoſition qu'il
fait faire. De ſorte que quand elle vivroit un ſie-
cle ; elle n'en ſeroit pas plus vieille.

Me. CLABAUDIN.

Comment? avec ce ſecret il pourroit me conſerver comme je ſuis à preſent , & je vivrois un ſie-
cle ſans qu'il y parût ? ah je ne ſaurois le croire.

LA MONTAGNE.

Bien plus, Madame, ſi la perſonne qui fait l'ex-
perience de ſon ſecret eſt laide , il l'embellit
d'une maniere qui paſſe l'imagination.

Me. CLABAUDIN.

Si cela eſt, j'avoüe que rien n'eſt plus ſurprenant ; mais je voudrois le voir pour le croire.

LA MONTAGNE.

Madame, est-ce que vous me prenez pour un homme à qui l'on en donne à garder ? & si ce Gentil-homme ne m'avoit donné des preuves plus claires que le jour de tout ce qu'il m'a dit, vous imaginez vous quej 'y ajoutasse foi ?

Me. CLABAUDIN.

Je ne dis plus rien : vous avez des lumieres que je n'ay pas.

LA MONTAGNE.

Si vous aviez quelque Teinture de la Chimie, vous comprendriez que rien n'est plus facile. Tout consiste seulement en quelques herbes, mêlées.... avec des... on mêle tout ensemble.... vous ne pouvez pas concevoir cela. Il ne s'agit que d'en avoir le secret, tout le monde peut l'executer.

Me. CLABAUDIN.

Voilà qui est admirable ! & si tout autre que vous me le disoit ; je n'en croirois rien.

LA MONTAGNE.

A quel dessein voudrois je vous en faire à croire ?

Me. CLABAUDIN.

Ce que j'en dis ne vous regarde point ; mais c'est qu'on voit tant de ces gens qui courent le païs & qui pour gagner de l'argent....

LA MONTAGNE.

Comment Madame de l'argent ? il n'en veut point, & ce seroit lui faire affront que de lui en presenter.

Me. CLABAUDIN.

Il a tort : je suis sûre qu'il gagneroit des Montagnes d'or en ce païs. Y a t'il une femme qui ne vendit tout ce qu'elle a pour payer un secret qui embellit, & qui empêche de vieillir ?

LA MONTAGNE.

Je fuis fûr qu'il gaigneroit encor plus de la part des Maris , & je crois qu'il en eft peu qui ne rencheriffent fur le marché de leurs femmes, pour l'engager à les laiffer faire leur chemin du côté de l'âge.

Me. CLABAUDIN.

Puifqu'il loge chez vous , il faut que vous l'engagiez à m'en faire part.

LA MONTAGNE.

Ce n'eft pas une petite affaire, Madame : il ma declaré, que comme il donne fon fecret gratis , il eft fort difficile fur le choix des perfonnes qu'il veut favorifer : je vous dis naturellement ce qu'il m'a dit.

M. CLABAUDIN.

Comment ferai je donc ? je voudrois bien l'avoir.

LA MONTAGNE.

Ecoutez Madame : il m'a fait une confidence; mais il faut que ceci foit fecret, ; autrement. . . .

Me. CLABAUDIN.

Dites feulement : ne craignez rien.

LA MONTAGNE.

Il faut que ce foit vous pourque je le dife.

Me. CLABAUDIN.

Je me garderai bien d'en parler à perfonne.

LA MONTAGNE.

Prenez y garde au moins : il m'a donc fait confidence qu'il eft dans le deffein de fe marier. outre qu'il eft riche comme un Créfus , vous pouvez juger fi celle qu'il epoufera. . . .

Me. CLABAUDIN.

Que celà eft heureux ! voila juftement mon affaire. Il faut que vous me prefentiez à lui : d'abord je lui plairai. Comme vous êtes dans mes

intcrêts vous ménagerez cette affaire , il m'epou-
sera, & d'abord…..

LA MONTAGNE.

Non Madame , celà ne se peut pas: vous avez
été mariée , & c'est un obstacle invincible : il
veut une fille toute neuve de quatorze ou quinze
ans. Il y a long temps qu'il la cherche , & il a
déja fait presque tout le tour du monde sans en
trouver une comme il souhaite.

Me. CLABAUDIN.

Monsieur la Montagne , ma fille n'a que cet
âge là. Si elle lui plaisoit :

LA MONTAGNE.

Et bien : quand elle lui plairoit , qu'en seroit
il:

Me. CLABAUDIN.

Ce qu'il en seroit : il en seroit, qui si il me la
demandoit en mariage, je la lui donnerois sûr le
champ ; & moi même avec elle, si cela étoit necessaire.

LA MONTAGNE.

Mais vous l'avez promise à Monsieur Chaboüillet : voudriez vous lui manquer de parole
une seconde fois ?

Me. CLABAUDIN.

Je me soucierois bien de Monsieur Chaboüillet : en ce que je trouve en lui donnant ma fille
un avantage comparable à celui de ne vieillir jamais : car je supose qu'en faveur de ce mariage,
vôtre Espagnol me donneroit son secret ; je n'y
consentirois pas autrement.

LA MONTAGNE.

Je vous laisse à penser, s'il en feroit la moindre
difficulté.

Me. CLABAUDIN.

Monsieur Chaboüillet diroit tout ce qu'il voudroit.

LA MONTAGNE.

Puisque vous êtes dans ce sentiment , je crois Madame,que nous pourrions faire quelque chose.

Me. CLABAUDIN.

Et comment ?

LA MONTAGNE.

Pendant que j'étois avec lui , Mademoiselle Julie est venüe , d'abord il m'a parû touché de sa beauté , il la suivie long temps des yeux , & même il vouloit l'aborder; mais je l'en ai détourné,parceque j'ay crû que vous ne trouveriez peut être pas a propos que vôtre fille s'entretint avec un Etranger.

Me. CLABAUDIN.

Et pourquoi?Monsieur la Montagne , vous deviez lui laisser parler , étant avec vous je n'y aurois pas trouvé à redire : que sait on ? il ne faut qu'un bon moment.

LA MONTAGNE.

Il m'a demandé qui elle êtoit.

Me. CLABAUDIN.

Vous lui ayez dit que c'étoit ma fille ?

LA MONTAGNE.

Assurément ; alors il a fait un grand soupir , & il m'a prié de le laisser seul dans son apartement: j'ai suivi ses ordres , & je suis venû vous joindre avec ses gens comme vous avez vû.

Me. CLABAUDIN.

Sur ce que vous me dites , je gagerois qu'il est amoureux de ma fille : sans vanité j'ai quelque expérience , & je ne vois dans tout ce qu'il a fait , que des marques d'une passion naissante ; Ah!que si j'étois à la place de Julie je saurois bien ménager cette occasion!

LA MONTAGNE.

Vous ne feriez pas mal de le voir vous même ,

si comme j'en ay quelque soupçon , il est amoureux de vôtre fille , il ne manquera pas de vous en parler , & si vous voyez quelque disposition à cette affaire , concluez sur le champ. Ces hommes extraordinaires ont quelque - fois leurs caprices.

Me. CLABAUDIN.

Vous n'avez qu'à lui dire qui je suis.

LA MONTAGNE.

Je me garderai bien d'y aller avec vous , Madame ; il se douteroit que je vous ay parlé de quslque chose , celà pourroit lui donner de la défiance , & nous gâterions tout. Mais plusieurs personnes sont déja venuës le voir par curiosité , & quand vous y irez comme les autres il ne soupçonnera rien de vôtre visite. Voila justement Monsieur Clitandre qui vous fera compagnie jusques chez-moi.

SCENE II.

Me. CLABAUDIN , JULIE, ANGELIQUE , CLITANDRE, LA MONTAGNE.

LA MONTAGNE.

PEndant ce tems-là , je disposerai tout doucement Mademoiselle vôtre fille à faire tout ce que vous voudrez, au cas que la chose réussisse.

Me. CLABAUDIN.

Il feroit beau voir qu'elle dit que non ! j'y metrois bon ordre.

LA MONTAGNE.

Je vous suivrai dans un moment, & je ne veux
entrer

entrer qu'aprés vous, pour ne lui donner aucun soupçon : laiſſez moi faire.

Me. CLABAUDIN.

Venez, Clitandre, faites-moi compagnie. *à Julie & à Angelique,* Et vous autres reſtez icy, juſqu'à ce que je revienne.

CLITANDRE.

Vous voyez ma complaiſance....

Me. CLABAUDIN.

Oüi, vous faites un grand effort ! mais laiſſez moi faire: vous ſeriez bien atrapé ſi je vous voyois ſoupirer à mes genoux avant qu'il ſoit deux jours. *Elle s'en va, & revient.*

à la Mont. A propos. Quel langage parle cet Eſpagnol? entend-t'il le François ?

CLITANDRE.

Venez, venez, Madame, je ſerai vôtre truche-ment: j'ay fait tout es mes claſſes, je lui parlerai Latin.

LA MONTAGNE.

Allez Madame, il vous parlera François. Au reſte je ne ſongeois pas à vous prévenir d'une cho-ſe: c'eſt qu'il ne peut ſouffrir qu'on le regarde en face. Ne vous attachez pas à le conſiderer de prés.

Me. CLABAUDIN.

Vous faites bien de m'en avertir.

SCENE III.

JULIE, ANGELIQUE, LA MONTAGNE.

LA MONTAGNE.

FOrt bien : *à Julie,* vous voyez Mademoiselle, qu'on ne peut mieux donner dans le paneau. Quand Madame vôtre Mere seroit d'acord avec nous, les choses ne prendroient pas un meilleur train. Il n'est rien qu'on ne puisse faire croire à une vicille en la flatant de l'esperance de la rajeunir.

JULIE.

Mais mon Dieu ! quand elle decouvrira que ce Gentil-homme Espagnol supposé n'est autre que Valere ; elle sera au desespoir de s'être laissée tromper.

ANGELIQUE.

Pour moi je dirai fort bien que je ne m'en suis point mêlée.

JULIE.

Hé, ma cousine, nous n'avons que faire aussi que tu t'en mêles ; & pourvû qn'on obtienne sur toi de garder le secret, c'est tout ce qu'on te demande.

LA MONTAGNE.

Ne craignez rien Mademoiselle : tous ces Messieurs prenent part à vôtre bon-heur. Pour Valere, il a si bien déguisé son visage, sa voix, & toutes ses manieres, que je la défie de le reconnêtre ; & d'ailleurs je l'ai si bien prevenuë, que nous aurons de la peine à la défabuser.

JULIE.

Que je vous suis redevable de tout ce que vous faites pour moi : je vous assure que je n'oublierai jamais un si bon service.

LA MONTAGNE.

Les interêts de Monsieur Valere, & les vôtres me sont également chers, & je suis assez récompensé par l'honneur de pouvoir contribuër à vôtre plaisir. Quoique Madame vôtre mere soit fort entêtée là-dessus ; vous ne ferez pas mal d'affecter un peu de répugnance ; autant qu'il en faudrá seulement, pour la rendre plus ferme dans sa résolution.

JULIE.

Mais vous savez qu'il faut si peu de chose pour lui faire changer de sentiment. Si quand je voudrai m'en deffendre, elle me prenoit au mot.

LA MONTAGNE.

Madame vôtre Mere est femme, & le veritable moyen de la mener par où vous voudrez, c'est de lui donner occasion de vous contrarier. Je vais voir ce qui se passe, & je vous aporterai bien tôt de bonnes nouvelles.

───────────

SCENE IV.

JULIE, ANGELIQUE.

JULIE.

JE tremble, ma cousine, & je ne sçai ce que je dois esperer de tout ceci : car enfin il faudra tôt où tard que ma mere se défabuse.

ANGELIQUE,

Oh! c'est là que je vous attens : il fera bon au-
près d'elle.

JULIE.

Mais si....

ANGELIQUE.

Mais si. Mais comment je n'ai jamais vû de
fille comme toi. A quoi bon s'embarrasser de tant
de choses ? qu'il arrive ce qu'il pourra, que risques-
tu ? *appercevant le Suisse.* Et bien : que me veut
cet homme-là ?

SCENE V.

JULIE, ANGELIQUE, UN SUISSE.

JULIE.

MOnsieur souhaitez-vous quelque chose ?
LE SUISSE.
Che prendre patience Mamsel.
ANGELIQUE, *rit.*
Ah, ah, ah, ma cousine c'est un Suisse ! fai-
sons le parler, il nous fera rire : j'aime ce bara-
goüin à la folie.

JULIE.

Fi donc ma cousine : faut'il se moquer des gens
à leur nés ?

LE SUISSE.

Sti ptit Mamsel y rire te mon ficure ; mais je
m'en aller tout astire maintenant, & che fouloir
pas longuement corrompre le compenie.

ANGELIQUE.

Non non, Monsieur, vous ne nous interrompez

point : ne vous en allez pas si-tôt , & dites nous ce que vous cherchez.

JULIE.

Il faut avoüer que tu es bien folle, ma Cousine.

LE SUISSE.

Che demander, si ve plaît, on t'y loche une certaine Medecine , qui téfendre l'iau... haï , comme tiaple pel vous ? che saffre pas pien tire sti prole : l'iau qui sentir bien pon.

ANGELIQUE.

Ah, ah , ah. Entens tu ce qu'il veut dire ?

JULIE.

Oüi , oüi : Monsieur demande où loge le Medecin qui vend l'eau de mille Fleurs.

LE SUISSE.

Foüi gistement, mille Fleurs : sti Mamsel y l'être pien civil.

ANGELIQUE.

C'est Monsieur la Montagne , n'es-ce pas ?

LE SUISSE.

Foüi, le Montanie : pardy y l'être genti stilà , y rire touchour , & y deviner tout à l'heure.

JULIE.

Monsieur la Montagne étoit ici il n'y a qu'un moment , il vient de nous quitter.

LE SUISSE.

Y l'être tetans son poutique peut-être bien ?

JULIE.

Monsieur je ne crois pas que vous puissiez lui parler parce qu'il est en affaires ; mais si vous voulez nous dire ce que vous souhaitez, nous ne manquerons pas de lui dire à son retour , ou bien de l'envoyer chez-vous.   H ij

LE SUISSE.

Party. C'eſt que j'être an crant côlere, & j'affre un cran joyeuſeté de dire à l'y on ptit prole; mais che fouloir point que les autres y l'entendre.

JULIE.

Monſieur puis que vous ne voulez pas que nous le ſachions, vous êtes le maître.

ANGELIQUE.

Pour moi je ſuis curieuſe, je veux tout ſavoir; dites moi ce que c'eſt : je vous promets que je n'en dirai rien. Vous voulez peut-être prendre l'eau de mille Fleurs pour vous conſerver le tein ?

LE SUISSE.

Point du tout Mamſel : che prendre rien pour ſtila : c'eſt le brindan qui faire mal à ma fiſache; mais parti che tire à vous tout l'hiſtoire. *En metant ſon Chapeau*, che temande pardon Mamſel. C'eſt que je devenir amoureux, il y pliſque in quart d'an, d'un beau filye, qui l'affre un peau fiſache rouche, & qui l'être dix cent fois ply beau que tous les autres Mamſel. Che prendre pour elle in grand tendreſſe, & puis che l'épouſe en mariache . . . ma foi j'aimerois mieux que je ſui encor carſſon.

ANGELIQUE.

D'où vient ? es-ce que vous n'êtes pas content de vôtre mariage?

LE SUISSE.

Non pas de la mariache; mais c'eſt te mon Fame, parce que che coni pien qu'y l'être pas ſache: c'eſt un fame qui l'eſt michant comme un tiable, & qui tire toûchour des prolles, pour aimer les carſſon.

ANGELIQUE, *à Julie.*
Jé ne comprens pas ce qu'il veut dire.

JULIE.
Il dit que fa femme dit des fotifes.

LE SUISSE.
Foui. Toûchour, & che coni pien auffi qu'il me
faire... *en montrant fon front* comme pel fous...
chez fafre pas bien tire.... un femme qui cate
mon l'honneur:pardy,les femmes y font bien michant. JULIE.
Et c'eft pour cela que vous venez chercher
Monfieur la Montagne ?

LE SUISSE.
C'eft que j'entendre dire par tout que fti-l'iau
de mille Fleurs, y faire crefer tu monde plis que
comme tout ; & che donne à ly un, piftole fi l'y
faire crefer mon feme , & moi che tire rien à
perfonne pourquoi y l'être mourû.

JULIE.
Quoi Monfieur vous voudriez faire mourir vôtre femme ?

ANGELIQUE.
Et vous voulez vous adreffer à Monfieur la
Montagne ? pour qui le prenez-vous ?

LE SUISSE.
Par ma foi, Mamfel, che temande pardon :
che prendre ly pour une metecine.

ANGELIQUE.
Vous ne vous trompez pas Monfieur , il eft
Medecin ; mais eft-ce qu'en vôtre Païs les Mede-
cins tüent les gens ?

LE SUISSE.
Non non , che dire pas que ly tüer mon
femme avec un lipée ; che temande feulement de
fty mille fleurs, qui le purche tant , tant que l'y
purche fon l'ame teor de dedans le corps ; & cha

donne à ly, on piftole, & puis encor on piftole.

ANGELIQUE.

Monfieur quand vous lui en donneriez cent, je fuis fûre qu'il n'en fera rien. Prenez patience c'eft le meilleur remede.

LE SUISSE.

Parti je prendre point patience moy : che la renvoye l'autre demain à la Païs, & fi chéntendre dire encor que l'y cate ma l'honneur, che coupe à l'y fa ftfache tout d'un coup.

JULIE.

Ah Monfieur ! il ne faut pas en venir à ces extremités. Peut-être que le temps la rameinera à fon devoir.

LE SUISSE, *faifant des reverences.*

Mamfel fi voû être in carffon toutes deux; che prendre la liberté, fi vous me faire l'honneur... de poire un Pouteille nous trois tout enfemble, & nous dire un petit chanfon, calliart pour confolir un peu ma chagrin.

JULIE.

Monfieur vous êtes bien honête.

ANGELIQUE.

Les Demoifelles ne vont pas au cabaret; mais fi vous voulez vous réjoüir, vous pourrez dire icy vôtre chanfon : allons Monfieur j'aime la Mufique, chantez quelque chofe : celà diffipera vôtre chagrin.

LE SUISSE.

Je chante point le Mufique Mamfel.

ANGELIQUE.

Allons Monfieur il faut avoir de la complaifance pour les Dames : faites moi ce plaifir.

LE SUISSE.

Voule vous in petit chanfon pour poire, ou pien in chanfon pour mancher ?

ANGELIQUE.

Tout comme il vous plaira.

LE SUISSE, *tousse.*

Hem… party le temps y l'être pien enrhumé;
che tire in chanson tè l'iau mille fleur qui l'être
pas pon.

Il Chante.

Non non, tetans mon malatie:
Che non poifre point de sti l'iau
Qui faire moi crefer pour l'être plus en sie.
Fy de sti poifreman nouviau.
Pour l'y metre à mon pouche y l'être trop silaine;
Che poifre pien ply-tôt à tasse plaine,
Styla qui pisser ma tonniau.

ANGELIQUE.

Monsieur nous vous sommes fort obligées de
vôtre complaisance, on ne peut pas mieux chanter.

LE SUISSE.

Che refenir tantôt demain, Mamsel, pour foir
si che parle à Monsieur le Montanie, serviteur
Mamsel, ponchour Mamsel.

JULIE.

Monsieur je suis vôtre servante.

ANGELIQUE.

A Dieu Monsieur.

LE SUISSE.

Ponchour, ponchour, serfiteur. *Il sort.*

SCENE VI.

JULIE, ANGELIQUE, LUCAS.

JULIE.

OU vas tu Lucas ? est-ce t'on maitre qui t'en-
voie nous chercher ?

LUCAS.

Par ma foi, Mademoiselle, je fermon boutique
aujourd'hui , ces mascarades avon attiré tant de
monde devant cheu nous qu'on ne sauroit passer,
& il y a une certaine Madame qui donne la Comedie à tous ceux qui sont là.

JULIE.

Qui est donc cette Dame ?

LUCAS.

C'est une certaine grosse Madame, qui dit
qu'al est de qualité dans son païs , & qui prend
l'Iau de mille Fleurs à côté de cheu nous avec
Mari.

ANGELIQUE.

Ah ! ma Cousine ! c'est cette extravagante qui
nous fit tant rire ces jours passez.

LUCAS.

Oh ! tatigué:a fait un tintamarre epouvanta-
ble; & si je l'ussion laissé faire a l'auroit enfoncé
la porte elle toute seule, parce que je l'y avon
dit que nôtre maître n'y étoit pas. Alle a manqué a se battre avec cinq ou six de ces Monsieux
qui se gaussion d'elle : jarni c'étoit un plaisir de
les voir houspiller : y se sauvon tretous devant
elle,& y ly faison mille niches.

JULIE.

C'eſt un original que cette femme!

ANGELIQUE.

N'a telle pas quelques vertes de vin dans la tête ?

LUCAS.

Oh cela ne l'y manque pas : palſſangué la voila, je penſe qu'à viant à nous.

JULIE.

Ma Couſine évitons cette folle , elle nous dira quelque ſotiſe : Lucas ſi l'on nous demande, nous ne nous éloignons pas.

SCENE VII.

MADAME DE FESSEVIN, LUCAS.

Me. DE FESSEVIN. *Se tourne du côté d'où elle vient.*

AH parbleu, mes petits Meſſieurs, je vous aprendrai ſi Madame de Feſſevin eſt femme à vous ſervir de joüet. Le premier qui m'aproche je lui briderai le nez de la belle maniere.

LUCAS.

Madame, ce ſont des égrillards qui ne cherchon qu'à rire.

Me. DE FESSEVIN.

Et toi que fais tu la ? ne tai je pas dit de me chercher ton maître ?

LUCAS.

Il y a une heure que je le cherche , je ne ſaurois le trouver.

Me. DE FESSEVIN.

C'eſt un coupe gorge que ſa maiſon : une fem-

me d'honneur ne ſauroit en aprocher ſans être
inſultée : qu'il y mette ordre s'il veut, & qu'il
m'en faſſe raiſon : ſinon qu'il cherche pratique
ailleurs que chez moi.

LUCAS.

Y ne fait rian de tout ça, & ces Monſieux ſe
divartiſſon ſans ſa permiſſion.

Me. DE FESSVIN.

Il faut avoüer que ce ſont de grands poliſſons
que ces petits Meſſieurs-là. A la ville, & à la
campagne c'eſt toûjours la même choſe, & je ne
ſaurois faire un pas ſans en trouver quelqu'un
qui me rie au nez : mais par la ſang bleu laiſſez faire, Meſſieurs les godenots, attendez que je
retourne à Lyon : je veux faire publier dix ans de
galeres perpetuelles, pour le premier qui aura
l'impudence de me donner des quolibets.

LUCAS.

Allons morgué ça ſera bian fait.

Me. DE FESSEVIN.

De quoi te mêles tu toi, ſont ce là tes affaires?
je cherchois ton maître pour lui laver la tête, &
je te la pourrois bien laver pour lui.

LUCAS.

Palſſangué Madame c'eſt bian dit, dépechez
vous : car une retention de colere eſt capable
d'étouffer une femme.

Me. DE FESSEVIN.

Je ferai ce qu'il me plaira.

LUCAS.

Oh oh ! je ſavon dire nos raiſons auſſi bian
que nôtre maître, & quoi que je ſoyon pas des
Monſieux, je ſomme pour vous repondre comme
un autre. Je prens le parti de mon maître, qui a
t'il à dire ?

Me.

Me. DE FESSEVIN.

Oüi : pren bien son parti , mon ami , pren
bien son parti ; avec sa peste d'Eau de mille
Fleurs qu'il donne à mon mari : autant vaudroit
qu'il bût de l'eau de Riviere : il s'étoit engagé de
me le guerir en huit jours : il y a plus de trois
semaines quil ne peut ny guerir ny crever , & je
le trouve aussi sot , aussi bête , aussi brutal , &
aussi yvrogne , qu'il l'étoit auparavant.

LUCAS.

Est-ce pour ces maladies que vous la lui faites
prendre ?

Me. DE FESSEVIN.

Sans doute,

LUCAS.

Pargué: je ne m'étonne pas si elle ne lui a rian
fait. Ces maladies ne sont pas des maladies de la
Medecine , & je n'en guarisson point d'autres.

M. DE FESSEVIN.

Si , comme on le pretend , elle guerit de toutes
sortes d'incommodités , elle devroit déja l'avoir
corrigé : car c'est bien le mortel le plus incom-
mode que je connoisse. J'ay emploié tous les remedes imaginables pour en venir à bout ; mais
j'y perds mon latin.

LUCAS.

Que ne faites vous 'comme les autres , elles
laisson leurs Maris à la ville , & elles venon ici
se divarti avec leurs amis.

Me. DE FESSEVIN.

Il est vrai que je suis bien folle de prendre tant
de soin pour un animal qui ne le merite pas. J'ay
eu la complaisance de venir lui tenir companie
parce qu'il n'a pas voulu que je sois restée à la
Ville , & ce brutal ne m'en sait point de gré.
Il ne pretend pas dit il que je voye personne : le
plaisant visage ! le plaisant visage.   I

LUCAS.

C'eſt qu'il eſt peut être jaloux de vôtre biauté
Madame.

Me. DE FESSEVIN.

Il ne l'eſt que trop , de par tous les diables,
& je le trouve fort heureux de ce que je ne ſuis
plus en âge de faire des amans que pour le compte d'autrui , je lui ferois voir ce que c'eſt que
de gêner une femme.

LUCAS.

Il faloit auſſi le faire dancer ſur le bon pied
dez le commencement.

Me. DE FESSEVIN.

Il eſt de certains ſoupçons qui ſont de dure
digeſtion pour une femme d'honneur , il eſt vio-
lent : avec toute ma moderation je ſuis furieuſe.
Il crie , je crie plus haut que lui : il me dit des
ſotiſes qui me font rougir , je rencheris par deſſus. Il me frape , je lui jette à la tête tout ce qui
me vient ſous la main : je ſors du logis , & je
vais me cacher chez quelqu'une de mes amies:
comme il ne ſauroit ſe paſſer de moi j'ay le plaiſir de le faire courir tout ſon ſoû pour me retrouver. Nous faiſons la paix , & nous vivons bien
enſemble juſqu'à la premiere occaſion. Voila
comment la mauvaiſe humeur , & le peu de con-
duite d'un mari mettent le deſordre dans un me-
nage.

LUCAS.

J'entendons quelques fois de cheu nous le grabuge que vous faites. Vous ſouviant il qu'il y a
quelque temps que vous lui aviais ſi bien bala-
fré le viſage qu'il fut obligé de garder la cham-
bre pendant cinq ou ſix jours ?

Me. DE FESSEVIN.

Ce ſont de petites promptitudes qui me pren-

nent quelques fois ; mais elles ne me durent
gueres ; je m'en veux du mal cependant : car
j'aime à voir regner la paix & l'union parmi les
Epoux.

LUCAS.

Vous devriais prendre l'iau de mille Fleurs
pour vos promptitudes.

M. DE FESSEVIN.

Aparamment, mon ami, tu ne sais pas', que je
ne bois jamais d'eau, de quelle nature qu'elle
soit. J'ay l'estomac si délicat, que quoique je me
soit fait une habitude de boire mon vin tout pur,
il ne laisse pas que de m'envoier quelquefois des
vapeurs au cerveau qui me font perdre la tra-
montanne : cependant depuis que je fume elles
ne me prennent plus si souvent.

LUCAS.

Comment, Madame, vous fumez ? je vois des
Madames qui venon cheu nous., & quand les
Monsieux qui sont avec elles senton le tabac alle
faison des grimaces épouvantables, & alle disont
qu'a l'aimerion mieux sentir je ne sai quoi que de
sentir ça.

Me. DE FESSEVIN.

Aparamment ce sont des Bourgeoises qui n'ont
pas accoutumé comme moi de frequenter des
gens d'épée. Mais à propos, animal, tu m'as fait
oublier ce que j'avois à dire ton maître : ne sais tu
point ce que je lui voulois?

LUCAS.

Non ma foi : c'étoit peut être quequque remede.

Me. DE FESSEVIN.

Je crois qu'oüi ; mais je ne me souviens plus
pourquoi c'étoit... je le retrouverai une autre
fois.

LUCAS.

Pour quoi que ce foit , vous n'avez qu'à boire
boire de l'iau de mille Fleurs.

Me. DE FESSEVIN.

Je t'ay déja dit que je n'en veux point boire.

LUCAS.

Et bian Madame quand vous l'y parlerez cent
fois , il ne vous dira pas autre chofe , je fai bian
ce que je dis moi.

Me. DE FESSEVIN.

Va va te promener, cheval, de carroffe , je reviendrai quand il y fera *Elle s'en va.*

LUCAS.

Oh ne revenez donc pas d'aujourd'hui : car il
ny fera fera pas de tout le jour. Le joli tendron
que cette femme là.

SCENE VIII.

LUCAS, CLAUDINE.

CLAUDINE.

Bon jour Lucas.

LUCAS.

Bon jour Claudenne ou vas tu fi vîte ? te voilà
bien éffarée.

CLAUDINE.

Auffi ai je bien fujet de l'être: y n'en eft jamais
que ce qu'en dit qu'il ne faut compter fur rian.
Nôtre Monfieur , & nôtre Dame chez qui je
demeurois m'avion promis mons & marveilles,
& y venon de me bailler mon congé.

LUCAS.

T'avais peut être fait queuque fredaine auffi.

CLAUDINE.

Non ce n'est que pour une bagatelle, je m'en
vas te dire ce que c'est. Y m'avion boutté ce matin en sentinelle auprez d'une Vache pour attendre quelle fit d'Iau de mille Fleurs, & je me suis
endormie sans y penser.

LUCAS.

Et bian es-ce qu'il y a quenque mal à ça?

CLAUDINE.

Pendant que je dormois l'Iau de mille Fleurs
a été pardue, & quand je me suis eveillée, ah
mon Dieu, çay je fait, tu vas être querelée, &
j'etien bien en peine comme faire pour qui n'en
sçussion rian.

LUCAS.

Bon. Y n'y avoit qu'à attendre que la Vache
en fit d'autre.

CLAUDINE.

Oh! je n'avois pas le temps : y l'étion pressé
de prendre leur remede, & j'avois peur qui ne
rençisslon eux mêmes, voir d'où vian que je demeurois tant. Mais j'ay eu une avisoire pour leur
en porter d'autre.

LUCAS.

T'en as donc été chercher ailleurs?

CLAUDINE.

Non : sans sortir de la maison.

LUCAS.

Et comment as-tu donc fait?

CLAUDINE.

Oh! t'es une bette : es-ce que tu n'as pas l'esprit de le deviner?

LUCAS.

T'en as peut être fait de toi même?

CLAUDINE.

Justement : y m'aurion peut être battuë, &

I iij

regarde ce que c'eſt que la fantaiſie du monde,
y l'avon trouvé qu'à leur a fait plus de bian qa'a
l'ordinaire, & ſans le petit Garçon de la maiſon qui m'a vuë qand je faiſois l'Iau de mille
Fleurs, y n'en aurion iamais rian ſçû.

L U C A S.

Et ce n'eſt que pour ça qui t'avon donné ton
congé ?

C L A U D I N E.

Non Lucas, ce n'eſt que pour ça voit ſi ça en
vaut la peine : mais pour leur faire dépit, je vians
dire à ton maître queuque choſe qui lui fait tort.

L U C A S.

Tu n'as qu'à le dire à moi, c'eſt toute la même choſe.

C L A U D I N E.

Tian, je veux ly dire que not Monſieu avec ſa
Sœur, y ne prenont que de l'Iau de mille Fleurs
de contrebande : car n'an dit qu'il n'y a que ton
maître qui aye la parmiſſion d'en vendre.

L U C A S.

Ça eſt vray auſſi ; mais tatiqué qui ne s'y fro-
tion pas, c'eſt un joli menêtrier que not maître
& s'il vian à ſavoir ça, il leur baillera à chacun
une bonne maladie dont y ſe ſentiron ; aprez y
faudra qu'y venion nous parler, jarny ça n'eſt
pas bian de tricher comme ça.

C L A U D I N E.

Tian Lucas: je penſe que ça leur a potté gui-
gnon: car depuis qu'il en prenon y ſont ſecs comme du bois, & les os leur perçon la peau, y diſon comme ça qu'il avont des chaleurs dans le
corps, & tant que la journée dure y ne faiſon
que ſe promener dans un Jardin, qui loüont tout
exprez pour ça.

LUCAS.

Palſſangué : quand not maître , ſaura ça tu
verras bien autre choſe. Y ne tiendra qu'à l'y de
les boutter tous deux au lit pour ſix mois.

CLAUDINE.

Et bian donc dy l'y qu'il avon fait venir en
cachette une Vache , qui tenon enfarmée dans
une Sale baſſe ; & je crois Dieu me pardonne
qu'il avon peur qu'à ne s'en-rhume : car il n'oſon
pas ſeulement ouvrir les fenêtres de peur que le
g and air ne la ſurprenne. Y faiſon plus de faſ-
çors aprez cette bête , que ſi c'étoit une parſon-
ne , y l'y metton des matelats ſous elle en guize
de paille pour la coucher , y ne la nourriſſon
qu'avec des biſcuits , & de la miche , & y la faiſon veiller toute la nuit par une Servante pour
voir s'y a n'aura beſoin de rian.

LUCAS.

Va va, j'y mettrons bon ordre.

CLAUDINE.

Y diſon aprez cela que leur yau de mille Fleurs
eſt meilleure que ſtella que vous vendez.

LUCAS.

Ah palſſangué y ne ſavon ce qui diſon : y n'y
en a point de meilleure au monde que la nôtre.
Regarde ſi il faut qu'elle ſoit bonne puiſqu'il y a
dès Medecins de la medecine qui la conſeillon
à leurs malades : il y en a ytou qui la prenon
eux mêmes , & qui la faiſon prendre a leurs
propres femmes.

CLAUDINE.

Ah Lucas ce n'eſt pourtant pas une trop bonne
choſe : j'en voulû tâter l'autre jour par curioſité,
mais ça eſt trop amer ; c'étoit pourtant
bian de ſtella de cheux vous.

LUCAS.

Y t'apartian bian aussi de la trouver bonne, ça n'est bon que pour les Monsieux , & les Madames de la Ville , & non pas pour une Païsanne comme toy.

CLAUDINE.

Tu te souviendras donc Lucas de dire à ton maître tout ça.

LUCAS.

Laisse faire Claudene. Y leur fera saisir leur Vache , & il y aura queuque chose pour toy.

CLAUDINE.

Et bian Lucas, je partagerons le profit par ensemble. Adieu , *elle sort.*

LUCAS.

Adieu Claudene laisse faire. Il y a morgué des gens qui n'avon point de conscience pour faire tort aux autres : voyez ce qu'il n'en seroit s'y an n'y prenoit pas garde.

SCENE IX.

THOINETE, LUCAS.

THOINETE.

LUcas n'a tu point vû nos Demoiselles ?

LUCAS.

Elle sont par ici autour à se promener par ensemble.

THOINETE.

Ma foi Lucas, je crois que nous serons aujourd'hui de noce , je me prépare à dancer tout mon saû.

LUCAS.

Eſt-ce que vous vous mariez, Mademoiſelle
Thoinete? Fatigué, vous voila guaïe comm'un
mois de May: je me prie de la noce au moins.

THOINETE. *apercevant Mr Chabouillet.*

Ah! Dieu que vois je, Monſieur Chabouillet
eſt déjà de retour. Va chercher ces Demoiſelles,
& dis leur que je les attens ici.

SCENE X.

Mr. CHABOUILLET, THOINETE.

Mr. CHABOUILLET.

AH bonjour, ma pauvre Thoinete: je viens de
chez vous, & je n'y ai trouvé perſonne.

THOINETE.

Je le crois Monſieur puiſque nous ſommes
toutes ici.

Mr. CHABOUILLET.

Je ne devois revenir que demain au ſoir; mais
j'ay fini mes affaires plutôt que je n'eſperois;
l'empreſſement de voir l'aimable Julie m'a fait
faire une diligence incroyable. Il faut abſolument
que je la voye, mon amour ne peut plus ſouffrir
de retardement.

THOINETE.

Que vous êtes preſſé, ne craignez vous point
de tomber malade? vous fatiguez trop.

Mr. CHABOUILLET.

Oh que non: je me porte à merveilles. Dy moy
Thoinete, ne trouves tu pas que j'ay bien fait
d'engager Madame Clabaudin à ſe dédire? y a
t'il de comparaiſon d'elle avec ſa fille?

THOINETE.

Non vray-mant.

Mr. CHABOUILLET.

Il faudroit que la pauvre femme eût perdû le
sens pour songer à se remarier, & je ris de tout
mon cœur lors que je lui entends dire que l'Eau
de mille Fleurs l'a rajeunie.

THOINETE.

On riroit à moins.

Mr. CHABOUILLET.

Parce qu'elle a vû que je suis tout autre depuis
que je l'ay prise, elle s'est mis en tête qu'il en
étoit de même d'elle.

THOINETE.

Aparamment.

Mr. CHABOUILLET.

J'ay parlé de mon mariage à quelques personnes, & comme tu sais qu'il y a toûjours des
gens qui veulent philosopher sur tout, on a voulû me persuader que je ferois une folie d'épouser
une jeune fille.

THOINETE.

Sur ma parole vous n'en ferez point de ce cô-
té-là.

Mr. CHABOUILLET.

J'en suis bien persuadé : aussi je les ay laissé
dire. Julie est d'un bon naturel, & les caresses
que je luy feray l'engageront à m'aimer comme
ses yeux : sa mere me l'a promis.

THOINETE.

Je vous réponds qu'elle ne se fera point de vio-
lence pour vous aimer.

Mr. CHABOUILLET.

Comme elle ne me connoit pas encor bien,
peut être que dans le commencement elle se fera
quelque peine ; mais quand elle m'aura accoutumé, elle sera si aise, si aise....

THOINETE.

Oh ! vous devez vous y attendre.

Me. CHABOUILLET.

Que dis tu de mon ajustement ? eh!

THOINETE.

Comment:il vous sied à merveilles ; vous voila jeune depuis la tête jusques au pieds ; & nous
n'avons pas de jeune homme à Lyon mieux fait
que vous : il ny a que vôtre bâton.

Mr. CHABOUILLET *jettant son bâton.*

A propos tu as raison : il ne faudroit que cela
pour me faire parêtre aussi vieux que je suis.

THOINETE.

Ah bon : vous avez l'air tout à fait galand, &
ces Demoiselles seront charmées de vous voir.

Mr. CHABOUILLET.

C'est un habit que j'ay fait retourner. Je l'ay fait
ajuster de la sorte pour ma noce ; cela est bon
pour la Campagne.

THOINETE.

Comment:vous êtes manifique!

Me. CHABOUILLET.

Vois tu : les filles aiment l'eclat & quand on
veu leur plaire ; il faut qu'il en coûte quelque
chose.

THOINETE.

Vous avez fait de grands preparatifs pour cette noce ?

Mr. CHABOUILLET.

Oüi Thoinete, tout est prêt. Compte que nous
allons nous réjouir... on ne peut mieux.

THOINETE.

Ah que nous allons rire ! vous aurez bonne
compagnie ? Dieu sait.

Mr. CHABOUILLET.

Pour la compagnie, non : vois tu je n'aime

point la cohuë de parens & d'amis: cela ne fait qu'embarraſſer, auſſi bien que tout le tracas de feſtins, & de ceremonies ridicules: pour être plus en liberté je n'ay invité perſonne.

THOINETE.

C'eſt bien fait: & nous dancerons.

Mr. CHABOUILLET.

Ah oüi : tant que vous voudrez mes enfans. J'aurois bien amené des viôlons ; mais ils tirent trop à conſequence. L'on ne ſauroit, quand on en a chez ſoy, ſe diſpenſer de recevoir mille etourdis, qui ſe croient en droit de faire du deſordre : nous aurons plus de plaiſir de dancer aux Chanſons, perſonne ne viendra nous troubler.

THOINETE.

Ce que c'eſt que d'avoir de la prévoïance.

Mr. CHABOUILLET.

Pour les habis de Julie ; les preſens, & tous ces brimborions qui ne ſervent de rien, nous y pourvoirons quand nous ſeront de retour à Lyon: ce ne ſont pas des choſes abſolument neceſſaires pour ſe marier.

THOINETE.

Voila de beaux preparatifs ! Combien avez vous depencé d'argent pour toutes ces belles choſes ?

M. CHABOUILLET.

Je ſuis ſûr que Julie ſera ſi occupée du plaiſir de me voir ſon epoux, quelle ne ſe ſouciera pas de tout le reſte.

THOINETE.

Cela s'en va s'en dire.

M. CHABOUILLET.

Meine moy où elle eſt Thoinete : elle ne m'attend pas ſi-tôt, & je veux la ſurprendre agréablement.

THOI

THOINETE.

Vous n'aurez pas la peine de l'aller chercher
plus loin la voila.

SCENE XI.

JULIE, ANGELIQUE, MONSIEUR CHABOUILLET, THOINETE.

ANGELIQUE *entre en riant.*

AH ah, ah, ah, ah, ah, ah. Vous voila
Monſieur Chabouillet ? que vous êtes plai-
ſamment fagoté: tournez vous s'il vous plait que
je vous voye. Les oreilles doivent vous avoir cor-
né depuis hier : car on a bien parlé de vous.

Mr. CHABOUILLET.

Je vous ſuis obligé Mademoiſelle.

ANGELIQUE.

Et bien, quelles nouvelles dit on à Lyon? Monſieur Chabouillet.

Mc. CHABOUILLET.

Aucune que je ſache Mademoiſelle *à Julie*
vous me voyez. . .

ANGELIQUE.

Hé ! oüi, elle vous voit de reſte. Parlez nous,
dites nous quelque choſe; que nous aportez vous?
ny a t'il point de Chanſon nouvelle ? que dit on,
que fait on à Lyon ?

Mr. CHABOUILLET.

Je n'en ſay rien Mademoiſelle. *A Julie* vous
me voyez. . .

JULIE.

Monſieur je vous tiens quite de vôtre compliment je ſuis vôtre tres humble Servante.

K

Mr. CHABOUILLET.

Et moy charmante poupone...

ANGELIQUE.

Voyons ça : que voulez vous dire à ma Cousine?

Mr. CHABOUILLET.

Tout ce qu'on peut dire à une personne qu'on aime bien , le jour qu'on doit l'épouser.

JULIE.

Vous Monsieur m'épouser!

ANGELIQUE.

Vous Monsieur ? ah , ah , ah.

Mr. CHABOUILLET.

Que veut dire ceci? vous voila bien surprises. *A Julie* est-ce que Madame vôtre mere ne vous l'a pas dit?

JULIE.

Oüi, Monsieur, elle me l'a dit.

Mr. CHABOUILLET.

D'où vient donc que Mademoiselle se moque de moy?

JULIE.

C'est qu'elle aime à rire.

M. CHABOUILLET.

Et n'étes vous pas disposée à me donner la main aujourd'huy comme Madame vôtre mere me la promis.

JULIE.

Moi Monsieur! vous donner la main?

ANGELIQUE.

Elle vous aime tant, qu'elle ne vous la donneroit pas seulement pour aider à vous relever si vous étiez à terre.

Mr. CHABOUILLET *en colere.*

Est-ce que vous croyez que je n'aurois pas encor assez de force pour me relever tout seul!

JULIE.

Je n'ay point prié ma Cousine de vous dire toutes ces extravagances ; mais afin que vous ne vous y expofiez pas davantage, je vous diray naturellement que malgré la promesse que ma mere vous a faite de me donner à vous ; je me sens si peu de disposition à vous époufer, & j'y vois fi peu d'aparence, que je crois pouvoir, vous afurer, qu'il n'en fera jamais rien.

Mr. CHABOUILLET.

Il y a quelque miftere caché là deffous. Expliquez le moi un peu.

ANGELIQUE.

Il me femble qu'il eft expliqué de refte : cela veut dire que ma Coufine n'eft pas pour vous, & que fi vous avez compté là deffus, vous n'avez qu'à décompter.

Mr. CHABOUILLET.

Mais dites m'en la raifon.

ANGELIQUE.

Bon la raifon : c'eft bien à moi qu'il en faut demander.

JULIE.

Vous la faurez tout à l'heure.

SCENE XII.

JULIE, ANGEIQUE, MONSIEUR CHABOUILLET, THOINETE, LUCAS.

LUCAS,

Place, place, Meffieurs & Dames : oh Tatigué j'allons bien mener la fête aujourd'hui !

M. CHABOUILLET.

Dy moi ce que cela veut dire Lucas.

LUCAS.

Oh! palſſangué vous le voirez vous même. Ces marmouzets de tantôt avon tretou changé de figure, Il amenon Madame Clabaudin avec tout plein de Monſieux, & de Dames, qui venon ſe divarti avec eux : ce grand Monſieur qui loge cheu nous, y eſt itou: y ſont obligez de venir icy parce que la ruë n'eſt pas aſſez large pour tenir tant de monde.

M. CHABOUILLET.

Dy mois la verité Thoinete : n'eſt il pas vrai que c'eſt Madame Clabaudin qui a preparé cette fête pour ma noce, & que vous aviez concerté entre vous de me donner une fauſſe alarme ?

THOINETE.

Juſtement vous avez deviné.

Mr. CHABOUILLET, *rit.*

Je m'en ſuis douté: ah, ah, ah, ah.

SCENE DERNIERE.

Me. CLABAUDIN, VALERE, *déguiſé en Eſpagnol* **JULIE, ANGELIQUE, CLITANDRE, Mr. CHABOUILLET, LA MONTAGNE, THOINETE. LA TOUR, LUCAS.**

Troupe *d'amis de Valere maſquez.*

Troupe *de Beuveurs d'eau de mille Fleurs.*

JULIE *à la Montagne.*

ES-t'il poſſible, Monſieur la Montagne, que la fourberie ait ſi bien reüſſi ?

LA MONTAGNE.

Mademoiselle, vous ferez dans un moment au
comble de vos vœux.

VALERE *conduisant Mr. Clabaudin.*

Non Madame: rien au monde ne peut m'aqui-
ter envers vous d'une pareille faveur. Je ne pou-
vois plus vivre sans la charmante Julie, & plus
j'aproche du moment qui doit me rendre heureux, plus je sens croître l'ardeur que ses beaux
yeux ont fait naître dans mon ame.

Mr. CLABAUDIN.

Avancez ma fille: voilà Monsieur qui vous fait
l'honneur de vous demander en mariage. Te-
moignez lui combien vous y êtes sensible. *A Valere.* Excusez la Monsieur: c'est une jeune fille
qui n'a pas encor assez d'esprit pour dire les
choses comm'il faut, & je suis obligé de parler
pour elle.

Mr. CHABOUILLET.

Que vois je donc ici, Madame Clabaudin! je
dévelope enfin le mistere qu'on a voulu me cacher. Vous m'avez promis vôtre fille, & vous la
donnez à un autre sans m'en rien dire : est-ce
ainsi qu'on se moque des gens?

Mr. CLABAUDIN.

Hé mon Dieu, Monsieur Chabouiller l'on ne
vous demandoit pas ici.

Mr. CHABOUILLET.

Je le vois bien, Madame, je le vois bien, &
d'un quart d'heure plus tard j'en étois le sot.

CLITANDRE.

Vous l'êtes depuis long-temps, mon petit
papa mignon: Madame a des raisons pour faire
ce qu'elle fait, & nous vous les dirons à loisir:
allez.

VALERE.

Qui eſt cet importun qui vient nous troubler?
a t'il l'honneur de vous apartenir Madame?

Mr. CHABOUILLET.

Importun vous-même. On m'a promis Mademoiſelle en mariage, c'eſt un affront qu'on me
fait, & que je ne ſouffrirai point.

VALERE.

Monſieur la Montagne, dites-lui un peu qui je
ſuis.

LA MONTAGNE à *Mr. Chabouillet.*

Etes vous fou, Monſieur, de vous joüer avec
lui? c'eſt un homme qui a toûjours à ſa ſuite deux
ou trois cens Eſtaffiers qui touchent comme des
Diables, & ſi il leur faiſoit le moindre, ſigne ce
ſeroit fait de vous.

Mr. CHABOUILLET.

Oüi dea! vous faites bien de m'avertir, la partie ne ſeroit pas égale.

Me. CLABAUDIN.

Ne nous arrétons pas à ce que dit Monſieur.
Donnez vôtre main ma fille.

JULIE. *en reculant.*

Mais ma mere.....

Me. CLABAUDIN.

Allons vous dis-je donnez vôtre main à Monſieur ſans tant de façons... *Julie donne ſa main
à Valere*, Mon Dieu! qu'on a de peine à vous
faire obeïr!

VALERE, *à Julie.*

Ce bon-heur auroit peu de charmes pour moi,
belle Julie, ſi je ne me flatois que vôtre cœur n'a
point de part dans la réſiſtance que vous venez
de faire.

JULIE, *à Valere.*

Mon cœur eſt toûjours le même, *bas & je*

crains que quelque transport de la joye qu'il re-
ssent, ne découvre trop-tôt nôtre secret.

Me. CLABAUDIN.

Elle est encor toute honteuse ; mais elle s'ac-
coutumera avec vous. C'est une bonne petite enfant, de qui vous ferez tout ce que vous voudrez.

CLITANDRE.

Bon bon : il y a long-temps qu'ils se connoif-
fent, ma bonne maman ; & vous venez de faire
bien du plaisir au pauvre Valere : ma foi, j'en suis
bien aise pour l'amour de lui.

Me. CLABAUDIN.

Valere ! que veut dire ceci ? plait'il ? expliquez
vous.

CLITANDRE. *en demafquant Valere.*

Allons, Valere, il n'est plus temps de te déguiser.

VALERE.

Puisque je suis decouvert, je l'avoüerai, Madame ; Oüi je suis ce même Valere que vous n'aviez
pas jugé digne de l'honneur que vous accordiez
au Gentil-homme Espagnol ; mais je vous offre
au lieu de tous ces avantages suposez, les senti-
ments les plus capables de m'atirer l'honneur de
vôtre amitié.

LA MONTAGNE, *à part.*

Hay, hai. Voici du grabuge.

ANGELIQUE.

Sauve qui peut.

Me. CLABAUDIN, *à Julie.*

Voila donc, petite effrontée, de quoi vous êtes
capable ? & vous faisiez la Sucrée pour me faire
mieux donner dedans : non je ne sai qui me tient
que je ne vous étrangle tout à l'heure.

VALERE, *en l'arrêtant.*

Ah Madame...

Me. CLABAUDIN.

Je vois ce que c'est : vous étiez tous de complot pour me tromper, mais vous me la paierez.

VALERE.

Madame....

Me. CLABAUDIN.

Pour vous, Monsieur, j'en suis deja vengée par avance, & vous avez là une bonne piéce qui... vous verrez, vous verez.. Puis qu'elle m'a joüé ce tour-là.

ANGELIQUE.

Ma tante.....

Me. CLABAUDIN.

Taisez vous morveuse, je vous renvoyerai chez vôtre mere dez demain, & je vous recommenderai de la bonne maniere.

THOINETE.

Madame....

Me. CLABAUDIN.

Ne me parle pas toi, je te souffleterai, & tu pourrois bien payer pour quelqu'un.

LA MONTAGNE.

Madame Clabaudin....

Me. CLABAUDIN.

Otez-vous de devant mes yeux : c'est vous qui avez conduit toute cette affaire ; mais pour vous faire enrager je serai malade de tout ceci, & quand je devrois crever, oüi quand je devrois crever, je ne prendrai point de vos remedes..

CLITANDRE, *en la caressant.*

Allons allons, ma petite bonne, & pour l'amour de moi...

Me. CLABAUDIN, *d'un air radouci.*

Vous êtes, ma seule consolation, Clitandre, mais rien ne peut m'apaisser, que l'esperance que vous accepterez la proposition que je vous ay faites.

CLITANDRE.

De vous épouſer n'eſt-ce pas ? allons je le veux
de tout mon cœur.

Me. CLABAUDIN.

Eſt-ce tout de bon Clitandre ?

CLITANDRE.

Avec toute la ſincerité dont je ſuis capable.

Me. CLABAUDIN.

Et bien: ſi cela eſt , en faveur de Clitandre je
vous pardonne à tous , & je veux qu'en même
temps....

CLITANDRE.

Attendez , attendez , Madame, c'eſt a condi-
tion que vous tiendrez auſſi ce que vous m'avez
promis.

Me. CLABAUDIN.

Et que vous ai je promis?

CLITANDRE.

Vous m'avez promis d'avoir le ſecret du Gentil-homme Eſpagnol pour revenir à l'age de quinze ans ; & pour ne jamais vieillir. Si non : pour
faire les choſes dans l'ordre , obtenez pour moi
Mademoiſelle Angelique de Madame ſa mere:
vous aurez mieux l'air de ma Tante que de ma
femme.

ANGELIQUE.

Oh pour cela non , Clitandre. Outre que ma
mere vous connoit trop bien pour y conſentir jamais , c'eſt que je vous aime moins qne ma liberté. Tant que vous ne voudrez que rire & folatrer , j'en ſuis ; mais le ſeul nom d'époux vous
rendroit effroiable à mes yeux.

Mr. CHABOUILLET.

A ce que je vois , Madame , je ne ſuis pas le
ſeul de qui l'on ſe moque ici, vous en avez vôtre
bonne part.

Me. CLABAUDIN.

Il vous fied fort bien de faire le goguenard, vieux fou que vous êtes.

CLITANDRE.

Confolez vous, ma charmante: pour vivre deux ou trois cens ans de moins vous en ferez quite.

Me. CLABAUDIN.

Oüi, dés à prefent : je renonce à tous les hommes. Ce font des chiens, des fourbes, des traitres, je les détefte ; je les abhorre , & le premier, qui s'avifera de m'en venir conter... il verra, il verra, il trouvera à qui parler, *elle fort.*

VALERE.

Laiffons calmer fa colere, nous trouverons le fecret de la radoucir.

Mr. CHABOUILLET.

Se pende qui voudra de tout ceci ; pour moi je ne fuis pas affez fou pour m'en chagriner un feul moment.

LA MONTAGNE.

Voilà ce qui s'apelle prendre le bon parti : rien n'abrege tant les jours que la triftefle. Allons Meffieurs, comme dans toutes les Ordonnances il entre un grain de l'inclination du Médecin, je vous ordonne la joye, & je ferai tous mes efforts aujourd'hui pour vous procurer quelque plaifir. Un bon quart d'heure vaut mieux pour la fanté , que dix pintes d'Eau de mille Fleurs.

Fin du troifiéme & dernier Acte.

III. INTERMEDE.

Les amis de Valere avec les buveurs d'eau de mille Fleurs dancent, & aprés cette entrée un homme de la compagnie chante.

Par nos jeux & par nos chants,
Redoublons les plaisirs de ces heureux Amans.

CHOEUR.

Par nos jeux, & par nos chants,
Redoublons les plaisirs de ces heureux Amans.

DEUX FEMMES.

Aprés les rigoureux tourmens
Que cause une absence cruelle,
Qu'il est doux de trouver un cœur toûjours fidelle.

CHOEUR.

Par nos jeux, & par nos chants,
Redoublons les plaisirs de ces heureux Amans.

A DEUX.

Joüissez d'un bon-heur extreme,
Amans soyez toûjours constants.
Est-il de plaisirs plus charmants
Que d'aimer tendrement & d'être aimé de méme.

CHOEUR.

Par nos jeux, & par nos chants,
Redoublons les plaisirs de ces heureux Amans.

On dance plusieurs entrées, aprés lesquelles Lucas vient chanter.

Nous allons fermer boutique
Il n'est plus d'eau de mille fleurs :

Qu'on ne parle plus de vapeurs,
De migraine, ni de colique.
Si quelqu'un de ces maux vous tian
Venez à nôtre Apotiquaire,
Il vous débitera pour rian.
Un remede plus salutaire.

Toute la Companie dance un menuet sur lequel on chante les couplets suivants, & à la fin de chaque couplet le Chœur repete les deux derniers vers.

LA MONTAGNE.

Quelque soit le mal qui vous presse,
Ne courez plus au medecin :
Profitez des plaisirs, un peu d'allegresse
Est un remede souverain.

VALERE.

Contre les rigueurs de l'absence
Un tendre cœur murmure envain:
Pour voir finir ses maux, un peu de constance.
Est, &c.

JULIE.

Loin de gémir, & de se plaindre
Des loix d'un rigoureux destin,
Pour le faire changer, savoir l'art de feindre
C'est, &c.

ANGELIQUE.

Auprés d'une beauté volage
Voulez-vous faire du chemin?
N'aimez que le plaisir, & le badinage :
C'est, &c.

CLITANDRE.

Loin de ces eaux qu'on vous propose,
Un peu d'absence, un peu de vin :
Pour soulager les maux que l'amour vous cause,
Sont, &c.

THOINETE.

Lors que d'une beauté coquette
Les apas font fur leur declin,
Pour cacher fon depit, la prompte retraite
Eft, &c.

LUCAS.

Pour éviter le cocuage,
Et vous épargner du chagrin :
Il faut dans vos vieux ans fuir le Mariage ;
C'eft, &c.

LA TOUR.

Pour contenter ma fantaifie
Je m'en-yvre foir, & matin.
Pour bannir le fouci des maux de la vie,
C'eft, &c.

CATHO.

Pour conferver fon pucelage,
Et pour n'en voir jamais la fin,
Jeunes filles, reftez toûjours à mon âge :
c'eft, &c.

Si de l'objet qui vous engage
L'humeur vous caufe du chagrin,
Par un heureux effort fortez d'efclavage :
C'eft, &c.

En dépit de fa refiftance,
On réduit un efprit mutin,
A tous fes vains détours, opofer la puiffance,
C'eft un remede fouverain.

Fin des Eaux de mille Fleurs.

LA MONTAGNE

Quel que soit le mal qui vous pre = sse, Ne courez plus au Mede = cin : Profitez des plai sirs, un peu d'alle gres = se, Est un reme de souverain.

A MONSIEUR B**.

Sur la Comedie des Eaux de mille Fleurs.

EN dépit de la Medecine,
Des Medecins, & des railleurs,
Je tiens, que l'Eau de mille Fleurs
Tire des Cieux son origine.
C'est un remede souverain :
Au dessous, toutefois, du Vin,
Qui seul donne à nos maux des guerisons parfai-
Foibles mortels, dont le cerveau   (tes,
Fait des milliers de Piroüettes,
Comme les Fresles giroüettes,
Si vous voulez guerir, aprochez de cette eau,
Et de ses agrémens faites vous un cadeau.
Fussiez-vous attaquez des noires impostures,
Et de l'envie, & de l'erreur,
Pour en apaiser la fureur
Aprochez de ces ondes pures.
Les ris, les graces, & les jeux,
En sont les Compagnons fidelles
Et les amours malgré leurs feux
Viennent badiner auprés d'elles.
Et trouvant leurs beautez sans fard, & naturelles
En sont eux-mêmes amoureux.
Et vous pâles humains, dont la langue, & la bou-
N'exhale qu'un mortel poison,   (che,
Et ne parle jamais raison ;
Pour peu que le retour de la santé vous touche,
Sans la moindre prévention
De ces brillantes eaux faites un gargarisme:
Voici pour vous un Aphorisme
D'une nouvelle invention.

Dans une maladie aiguë,
Ou l'amertume est dans le cœur,
Ou, c'est la bile qui le tuë,
Ou bien, ce n'est que quelque aigreur.
Dans tous ces cas venez à la vive fontaine
Qui sort d'un bras de l'Hypocrene,
Et buvez à long traits de sa douce liqueur,
Seurs, qu'elle calmera vôtre affreuse langueur.
Que si tu veux rester dans ce peril extrême,
Malade, gueris-toi, toi-même.
Nous verrons d'un œil sec tes cuisantes douleurs:
Va porter tes soupirs ailleurs.
Aprés cet avis salutaire,
Il te suffit B**. que tes eaux sachent plaire,
Tant mieux s'il est quelque jaloux,
On les verra comme des foux;
Et l'on dira toûjours, non-obstant leur folie,
B**. t'on Eau de mille Fleurs
Guerit de la Melancolie.
Et charme également les Esprits & les Cœurs.

C.B***.

L'OPERA
INTERROMPU.
COMEDIE

Mife au Théatre par Mr. B **.

REPRESENTE'E A LYON
Par les Comediens Italiens, Privilegiés
de Monfeigneur le Maréchal de Ville-
roy; au mois de Juillet de l'Année 1707.

A LYON
Chez ANTOINE PERISSE ruë
Merciere à la Renommée.

───────────────────

M. DCC. VII.
Avec Permiffion

www.ingramcontent.com/pod-product-compliance
Lightning Source LLC
Chambersburg PA
CBHW051740090426
42738CB00010B/2344